内田昭利/守 一雄
[著]

中学生の数学嫌いは本当なのか

――証拠に基づく教育のススメ――

北大路書房

はじめに

あなたは、数学についてどのように思っていますか。当てはまるものを1つ選んで答えなさい。

「数学の勉強は好きだ」
①当てはまる
②どちらかといえば、当てはまる
③どちらかといえば、当てはまらない
④当てはまらない

これは、文部科学省が中学3年生を対象に毎年実施している全国学力・学習状況調査の質問紙調査における質問の1つである。本書を手に取ってくださっている皆さんには、この質問に対してどのくらいの割合の中学3年生が、③または④という否定的な回答をしていたか予想していただきたい。その答えは、後ほど。

本書の著者で公立中学校の数学教師である内田の朝は早い。早朝6時半には家を出て、7時を少し回った頃、勤務校に到着する。ちょっと家を出る時刻が遅くなると交通渋滞にはまり、到着するまでに1時間以上かかることさえある。だから、早めに学校について、時間を有効利用する方が得策である。しかし、その時間を利用して、本書で紹介するような研究をしているのかというとそうではない。それは、中学校教員の本務は学校教育であって「研究」ではないからだ。「〝研究〟も大事な仕事だ！〝研究〟授業のためにどれだけ多忙なのか知らないのか！」とお叱りをうけそうだが、本書で述べる「研究」は「科学的」研究であり、〝研究〟授業の研究とは違う。本書ではまず「科学的」研究とは何かについて、小中学校や高等学校の教員、その他の教育関係者の読者に語りたいと思う。

〝研究〟授業とは違う「科学的」研究を小中学校や高等学校で行なうためには、まず学校長から許可を得なければならない。そこで、本書のもう一人の著者である教育心理学者の守の出番となる。守は、内田が県教育委員会派遣の現職教員として大学院修士課程で学んだ時の指導教官である。新しい年度になると守が必ず行なうことがある。内田の勤務校を訪問して、学校長に共同研究への協力をお願いすることである。

一方、教育心理学者なら誰でも「科学的」研究ができるかというと、そういうわけでもない。本書で詳しく述べるように、「科学的」研究のためには実験が必要であるが、大学の研究者が小中学校や高等学校で実験をやろうとしても、そのための許可を得ることが難しいからだ。学校での実験を受け入れてもらうためには、学校長をはじめとする教員に実験の教育的な意義を理解してもらわなければならない。しかし、現状でそれを期待するのはとても無理である。なぜなら教員免許取得のための教職課程には、「科学的」研究について学ぶような授業は含まれていないからだ。だから、小中学校や高等学校の教員は〝研究〟授業は知っていても、教育の「科学的」研究についてはほとんど知らない。その結果、大学の教育研究者も小中学校や高等学校で「科学的」研究をすることができないのである。

中学校教員でありながら、学校での「科学的」研究の意義を理解している内田は、そうした意味で稀有な存在である。しかし、その内田も一人では中学校で「科学的」研究をすることには限界があった。内田と守がコンビを組むことで初めて、中学校での「科学的」研究が可能となったのである。本書では、中学校の数学教師と大学の教育心理学研究者が共同で行なった「科学的」研究を紹介することで、教育における「科学的」研究の重要性を読者に伝えたいと思う。「学校現場の協力が得られないので実験ができない」と嘆いている大学の教育心理学研究者の方々には、ご自身の実験研究を行なう際の参考例となれば幸いである。

ここで、冒頭の質問に戻りたい。実は「数学の勉強が好きか」との質問に対して、否定的な回答をした中学3年生は、4割以上になる。文科省のホームページによれば、この調査は、教育の効果を「科学的」に検証し、教育施策を改善することを目的に、平成19年度から実施しているものだ。そして、そのために膨大な税金を投入しているのである。文科省は10年以上も前から「教育の科学化」を試みているのだ。しかし、文科省の考える「教育の科学化」は不十分である。

なぜ不十分なのか、どこが不十分なのかは本書の中で詳しく説明するが、ここでも少し触れておきたい。そのために、まず、〝日本の中学3年生の4割以上は「数学嫌い」である〟という調査結果は「科学的」であると言えるかを考えていただきたい。いろいろな疑問が浮かんでくるはずだ。

数学の学力検査の後に「数学の勉強が好きか」と質問されたら、自分ならどう答えるだろうか?

学力検査のできが悪そうな場合には「数学が嫌いである」と回答しておく方が何かと都合が良いのではないだろうか?

では、〝中学3年生の4割以上は「数学嫌い」である〟というのは本当なのだろうか?

そもそも……

この調査に限らず、アンケートや教師の質問に生徒は「ホンネ」を答えるのだろうか?

つまり、この調査で中学生はウソをついているのではないか？

当然であるが教育の基本は、生徒を信じることから始まる。しかし、生徒の可能性を信じるからこそ、今まで以上に生徒の内面に迫っていかなければならない。その第一歩として、生徒の回答に疑問を持つことで、今まで見ることができなかったことを見ようという「科学的」な発想がわいてくる。何らかの事情があって、ホンネを答えていないのであれば、そこを糸口にして新しい「科学的な」教育方法を探っていくこともできる。だから、生徒の回答をそのまま信じてしまうのでは「教育の科学化」はできないのである。

科学にはいろいろな定義があるが、その本質の一つは「徹底的に疑うこと」である。例えば、科学的な犯罪捜査では、容疑者の証言よりも、犯行現場の指紋や残留物を証拠とする。つまり、科学的とは「疑う余地のない」証拠がなければならないのである。

では、どうすれば教育の分野で「疑う余地のない」証拠が得られるだろうか。実は、科学とはそうした証拠を得るための方法を追求することでもある。そうした方法は「科学的方法」と呼ばれる。犯罪捜査での指紋の検出や照合、現場の遺留物の成分分析などはまさに「科学的方法」なのである。そこで、本書ではアンケートの代わりになる、嘘がつけないような「科学的」な調査方法を紹介したい。

生徒の「ホンネ」がわかるような調査方法があるのか？　あるわけないだろう！

こんな読者の皆さんの「ホンネ」(?)も聞こえてくる。そんな方法があるのである。それは、人間の潜在連想構造を探ることができる新しい調査手法「潜在連想テスト」である。この手法を用いることで生徒の「ホンネ」を探ることができるのだ。科学的な方法で生徒の「ホンネ」を探るといっても、何億円もする機械で生徒の脳を精査するわけではない。アンケート調査と同じように、教室で用紙を配って5分間ほどで実施できるような簡便なものだ。本書では、著者らが共同で開発した「集団式簡易潜在連想テスト」の活用方法も紹介する。本書を読んで、ぜひこのテストを「教育の科学化」への第一歩として学校教育で活用していただきたい。

実は、私たちは、この手法を用いることで、中学生の数学嫌いの多くが「偽装」であることを見出すことができた。つまり、アンケートで「数学が嫌い」と答えた中学生の多くは「偽装数学嫌い」だったのだ。そして、驚くほど簡単な方法で、「偽装数学嫌い」中学生を救出することができたのである。

科学とは疑うことであり、疑いを晴らすための方法を開発することでもあった。そして、そうした科学によって私たちは多くの恩恵を受けられるようになった。科学のおかげで、昔はできなかった多くのことができるようになった。現代社会の中で科学の恩恵を受けていないものはない。しかし、科学の恩恵はまだ学校教育には十分活かされていない。「科学の恩恵」

といっても、学校の授業に最新の情報機器を活用することではない。教育そのものを「科学化」することである。「経験に基づく教育」の効果を検証し、誰でもが自信をもって教育活動にあたれるように、そして、時には「経験に基づく教育」に代わるものとして、「科学的方法に基づく教育」や「科学的証拠に基づく教育」を推進すること、つまり「教育の科学化」こそが、科学が学校教育に与える最も重要な恩恵なのである。

では、いっしょに「教育の科学化」について考えてみましょう。

内田昭利・守一雄

中学生の数学嫌いは本当なのか　目次

第1章

証拠に基づく教育の必要性

(Evidence-Based Education)

「自信を持たせれば子どもは伸びる」や「嫌いな教科は成績が悪くても仕方がない」などと教育に関して信じられていることのほとんどは根拠のない思い込みである。もともと子育てや教育の効果はいろいろな条件が絡み合うために科学的に検証することは難しい。そこで、どうしても親や教師の経験に基づく思い込みが信じられることになってしまう。しかし、アメリカ教育省は今世紀の初めに「証拠に基づく教育（Evidence-Based Education）」の必要性に気づき、教育の科学化を推進してきている。本章では「証拠に基づく教育」とは何かについて紹介するとともに、その正しい理解のために、「証拠に基づく教育」で必要とされる「証拠」とは何かについて一歩踏み込んだ紹介をしたい。

1 教育は間違った印象に左右されやすい

「今の子どもよりも、昔の子どもの方が教師の言うことをよく聞いた」

「少人数クラスの方が、教師の指示が子どもたちによく行き届く」

この2つの主張についてどう考えるだろうか。どちらもそうだと思うと考えた人はもう一度よく考えてもらいたい。「昔の子ども」とは、いつの子どものことだろう？　まさか江戸時代ではあるまい。明治や大正時代の子どものことでもないだろう。どんなに昔だとしても、定年間近のベテラン教師が、自分がまだ20代だった頃の子どものことを言っているのだろうから、せいぜい40年前である。ところで、40年前のクラスの子どもの数はどれくらいだっただろうか。確実に今より多かった。これは30年前でも20年前でも同様である。つまり、もしこの主張が正しいとすれば、「クラスの子どもの数が多い方が子どもは教師の言うことをよく聞く」ということだ。これは、その次の主張と矛盾している。つまり、この2つの主張は、どちらかが正しいならもう一方は正しくないはずである。にもかかわらず、どちらも正しいように感じてしまったのはなぜだろうか。

それは、私たち人間の判断力は「その場しのぎで、かなりいいかげん」であり、日常的に多くの間違った判断をしているのが普通だからである。これは専門家であっても同様であって、長い経験に基づく判断でさえ、多くの間違いを含んだものになりがちである。そして、普段の生活の中で私たちはそうした誤りになかなか気づかない。賢いはずの私たち人間が、思ったよりずっと非合理的判断をしがちであることは、アメリカの認知心理学者トバスキーとカーネマンが多くの実験研究で明らかにしてきている。ダニエル・カーネマンは、人間のこうした非合理性を経済学に組み入れて「行動経済学」という新しい研究分野を開拓した功績で2002年にノーベル経済学賞を受賞している。（共同研究者のトバスキーは1996年に亡くなっていたため、受賞対象とならなかった。）

私たちがいかに間違った信念を持ちやすいかについて書かれたロングセラー『人間この信じやすきもの』の著者トーマス・ギロビッチはカーネマンの教え子である。ギロビッチはこの本の中で、私たちの認知の働きがどのように間違った信念に結びつくかをわかりやすく解説し、間違った信念に陥らないための方策を紹介している。実は、間違った判断に至らないための方法こそが科学なのである。人類は何万年もの間、地面が平らなものだと信じてきた。また、太陽や星が私たちの周りを回っているのだと信じてきた。動くものはだんだんと動く力を失って止まり、物は燃えると軽くなるものだと信じてきた。しかし、こうした当然のように信じてきたことが実は間違いであることを明らかにしたのは科学であった。

太陽が東から昇り、西に沈むように見えても、実は地球が自転しているからそう見えるのである。見えること経験していることがどんなに確からしく思えても、事実はそうではないかもしれない。教育に関わるいろいろな現象も、見た目や印象だけで判断してはいけない。では、どうするべきなのか。それは、科学することである。教育を科学化することである。

2 証拠に基づく教育

アメリカに教育省（United States Department of Education）という連邦政府の行政機関がある。日本の文部科学省のアメリカ版であるとも言えるが、アメリカでは学校教育などは各州の権限に委ねられているため、教育省は省としての規模も権限も小さく、むしろ日本の国立教育政策研究所くらいの存在である。その教育省が21世紀に入ってから力を入れているのが、教育の科学化であり、「証拠に基づく教育（Evidence-Based Education）」の推進である。国レベルでの教育を考えると教育政策ということになり、アメリカでは、国の政策を科学的な根拠に基づいて実施すべきだとする「証拠に基づく政策（Evidence-Based Policy）」という考え方も提唱されるようになった。

本書では「証拠に基づく」と訳しているが、もともとの英語ではEvidence-Basedであり、カタカナのまま「エビデンスに基づく」とされることもある。なかでも、比較的広く使われているのが「根拠に基づく」という訳語である。しかし、evidenceの意味は根拠よりもずっと強い。たとえば、犯罪を立証する際に使われるのがevidenceであり、それは証拠であって根拠ではない。後に紹介する中室牧子さんは、ベストセラーとなった『「学力」の経済学』の中で、「科学的根拠に基づく教育」という訳語を使っている。英語がよくできる中室さんも単なる「根拠」では意味が弱いと感じたのだろう「科学的根拠」としていて、これも悪くない訳語である。しかし、「科学的根拠に基づく教育」という用語全体では長すぎて使いづらい。英語では、Evidence-Based Educationの頭文字をとってＥＢＥという略語が使われる。しかし、ＥＢＥでは何の略語だったのか思い出しにくい。日本人なら漢字で略語にしたいところだ。そこで、「証基教育（ショウキキョウイク）」はどうだろう。「証基教」までだと、ちょっと宗教のようなので、教育だけはそのまま残して、本書ではこの「証基教育」を使うことにしたい。

「証拠に基づく〇〇」という表現が、広く知られるようになったのは、イギリスで１９９２年に始まった「コクラン共同計画」という医療の科学化計画にある「証拠に基づく医療（Evidence-Based Medicine）」だった。実は、科学の最先端のように思われている医学においても、臨床的な医療は医師たちの経験的な知識や技術が幅を利かせていて、特定の医療技術が必ずしも科学的に有効であることが確認されているわけではなかった。コクラン共同計画にその名前を残す、アーチバルド・コクラン（Archiebald Cochrane）はスコットランド生まれの内科医で、１９７２年に『医療の有効性と効率性（Effectiveness and Efficiency）』という本を出版し、医療の有効性と効率性を確認するためには、ランダム化比較対照実験が必要であることを主張した。コクランの主張に賛同したイギリスの産科医イアイン・チャーマーズ（Iain Chalmers）によって、１９９２年に始められたのが、「コクラン共同計画」という「証拠に基づく医療（Evidence-Based Medicine）」を推進する非政府組織だったのである。

コクランの主張をわかりやすく言えば、ある種の予防接種に本当に病気予防の効果があるのかどうかや、特定の病気に対して、ある治療方法が有効であるのかどうかはランダム化比較対照実験によって確かめない限りわからないということだ。「予防接種で病気が減った」とか「治療したら病気が治った」というだけではダメなのである。なぜなら、病気が予防できた原因として、予防接種以外にも、衛生環境の改善や、国民の栄養状況、その年の気候変動なども考えられるからである。病気が治ったのも、患者の自然治癒力のせいかもしれない。

ランダム化比較対照実験というのは、そうした様々な要因の影響を取り除いて、特定の処置（予防接種や治療）こそが、病気予防や治癒に効果があることを確認するための検証手続きである。具体的には、予防接種の対象となる人々や、特定の治療を受ける患者を、２つのグループに分け、その一方のみに特定の処置を施し、処置をしなかったもう一方のグループとの比較をするという手続きをとる。その際、特に重要となるのが「２つのグループへの割り振りをランダムに行なう」ということである。「ランダム（random）」という英語は、「でたらめに」とか「無作為に」という訳語が当てられることが多いが、「でたらめに」というのは正しくない。また、「無作為に」というのも、結局何のことなのかわかりにくい。それよりも、「くじ引きで」とする方がわかりやすく、意味も正確である。予防接種の例で言えば、予防接種を受けるか受けないかをくじで決めて、2つのグループに分けるということである。ある程度の人数を集めて、くじでグループ分けをすれば、一人ひとりの元々の健康状態や生活環境の違いが、2つのグループで均等になる。そこで、2つのグループの違いは、予防接種を受けたか受けなかったかだけになるわけである。結果的に予防接種を受けたグループの方が病気にかかりにくくなったことがわかれば、ここで初めて、予防接種の効果が確認されたことになるというわけだ。

実は、こうしたランダム化比較対照実験を行なうことは、現実にはかなり難しい。たとえば、ある新しい癌の治療方法が見つかったとして、それをこのランダム化比較対照実験で検証する場合を考えてみよう。新しい治療方法を施す患者と比較対照にする患者の2グループが必要となるわけだが、これら2つのグループは治療方法の違い以外はできるだけ違いがないようにしなければならない。一方のグループには初期の癌患者、もう一方にはかなり進行した癌患者というのでは、治療法の効果が正しく比較できないからである。患者の年齢や性別も違っていては適切な比較とならない。そこで、癌の進行度が同じくらいで、年齢も性別も同じ患者をたくさん集めないと比較ができないことになる。

さらには、そうした患者が十分な数だけ確保できたとしても、新しい治療方法を試す患者と比較対照となる患者をくじ引きで決めることなんてできるだろうか？　新しい治療方法が期待のできるものならば、どの患者も「ぜひ自分にその治療法を使ってもらいたい」と考えるだろう。逆に、効果が未知の治療方法の「実験台」になることを望まない患者もいるかもしれない。ランダム化という手続きの難しいところは、「では、新しい治療法を希望する方はこちらのグループ、そうでない方は別のグループ」と患者の希望によって分けたのでは、「ランダム化」の原則が崩れてしまうことにある。（患者の希望で2つのグループに分けたのでは、仮に新しい治療グループの方に効果が見られたとしても、「新しい治療に積極的に挑戦するような患者の気力が癌の治療に影響を及ぼした可能性」を排除できなくなってしまう。）証拠に基づく医療が提唱されてから25年以上、コクランの元々の主張から数えれば45年以上が経っているが、ランダム化比較対照実験はまだまだ十分に行なわれているわけではないのである。

「証基教育（証拠に基づく教育）」について述べる前に、証拠に基づく医療の話が長くなってしまったが、どちらも考え方はまったく同じである。科学的な証拠を得るためには、教育においてもランダム化比較対照実験が不可欠なのである。証拠に基づく医療の例の中の「予防接種」や「治療方法」を「教材」や「教育方法」に、「患者」を「児童生徒」に置き換えれば、それはそのまま証基教育の重要性を示す例となる。医療の分野で普通に行なわれてきている

図1-1「（教育で）何が（本当に）役立つかの情報交換所（What Works Clearinghouse: WWC）」のホームページ

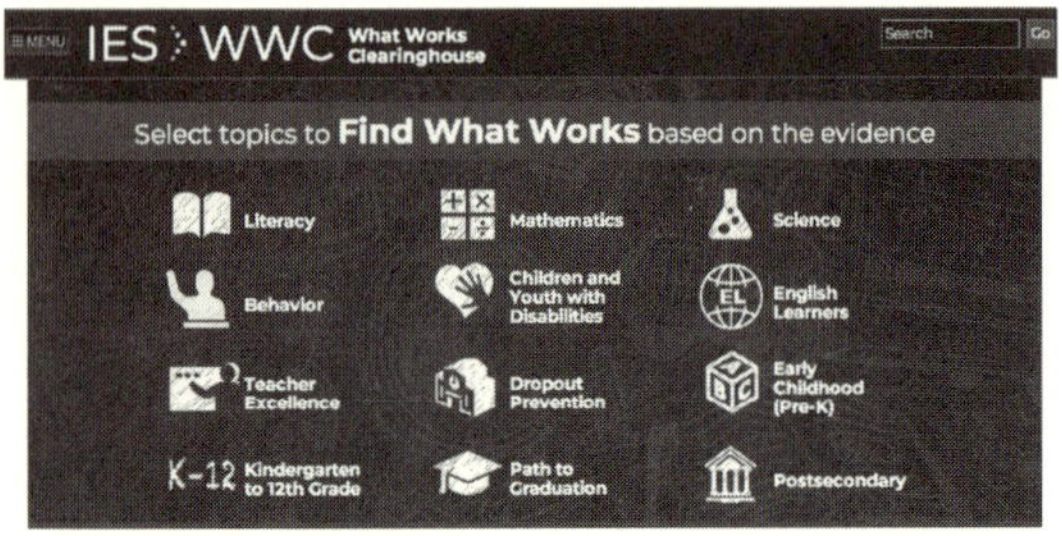

治療法のほとんどが、過去の医療関係者の経験の蓄積に基づいているのと同様に、教育の分野でもほとんどの教育方法は伝統的にそうした教育方法が使われてきたからというだけのことにすぎない。

証拠に基づく医療の推進運動が「証基教育」に与えた影響は20世紀末からあった。たとえば、岩崎[★1]（2017）は、「エビデンスという言葉が教育研究者の間で注目されるようになったのは、1996年に、当時ケンブリッジ大学教授であったハーグリーブズ（Hargreaves, D.）が行なった英国教員養成研修局（Teacher Training Agency: TTA）の年次講演会であった」と述べている。しかし、冒頭に紹介したアメリカ教育省の取り組みが「証基教育」の推進にとって特に重要であった。今世紀の初め2001年にアメリカ第43代大統領となったジョージ・W・ブッシュ（George Walker Bush）は、アメリカの教育水準を高めるために「子どもを一人も落ちこぼれにしないための2001年法」

（No Child Left Behind Act of 2001: NCLB法）を成立させた。そして、この法で最も重視されたのが「証基教育」という考えであった。アメリカの教育省は、その具体策の一つとして「（教育で）何が（本当に）役立つかの情報交換所（What Works Clearinghouse: WWC）」というウェブサイトを立ち上げた。このサイトには、世界中の教育に関する研究成果が集められ、その研究成果が真の証拠と言えるものなのか格付けがなされている。たとえば、小学校での算数の教え方について、どんな方法が試され、どんな効果をあげているかが、その効果の検証がどうなされたかを含めて、公開されているのである。

アメリカが始めた「証基教育」政策は、すぐにヨーロッパにも広がり、２００４年には経済開発協力機構（ＯＥＣＤ）が「証拠に基づく教育政策研究（Evidence-based Policy Research in Education）」というプロジェクトを立ち上げた。日本もＯＥＣＤ加盟国の一員であるが、日本での証基教育の広まりはつい最近になってからであった。文科省のサイトには、「諸外国における客観的根拠に基づく教育政策の推進に関する状況調査報告書」という外部調査会社に委託して２０１６年度に行なった調査報告書が掲げられている。遅ればせながらも、日本でも証基教育の重要性に文科省が気づいたということである。

3 何が証拠なのか

「証基教育」の重要性にやっと気づいた文科省ではあるが、まだまだアメリカ教育省には追いつくことができないままだ。どうやら証基教育の重要性には気づいたようなのだが、言葉だけが先走りしてしまい、その本質がわかっていないようなのだ。何よりも残念なことは、文科省には「何が証拠なのか」がわかっていないのだ。これは文科省がevidenceを「証拠」と訳さずに、「根拠」にしてしまっていることにも表れている。何が証拠なのかが軽視されていることは、日本の教育関係者にも言えることである。

(1) 調査結果は証拠にならない

たとえば、日本の教育研究の総本山とも言える東京学芸大学は「教員免許状更新講習講義の支援のための資料や素材を提供するウェブサイト(http://menkyogakugei.jp/sozai/)」を公開している。アメリカ教育省が公開している「(教育で)何が(本当に)役立つかの情報交換所(What Works Clearinghouse: WWC)」とは違って、研究の格付けをしているわけではないし、このウェブサイトは「素材」であって「証拠」ではないのかもしれない。「教員の成長・向上の一助としてご活用ください」というだけのことなので、こうした「素材」が「い

図1-2 東京学芸大学の「教員免許状更新講習講義の支援のための資料や素材を提供するウェブサイト」
(http://menkyogakugei.jp/sozai/)

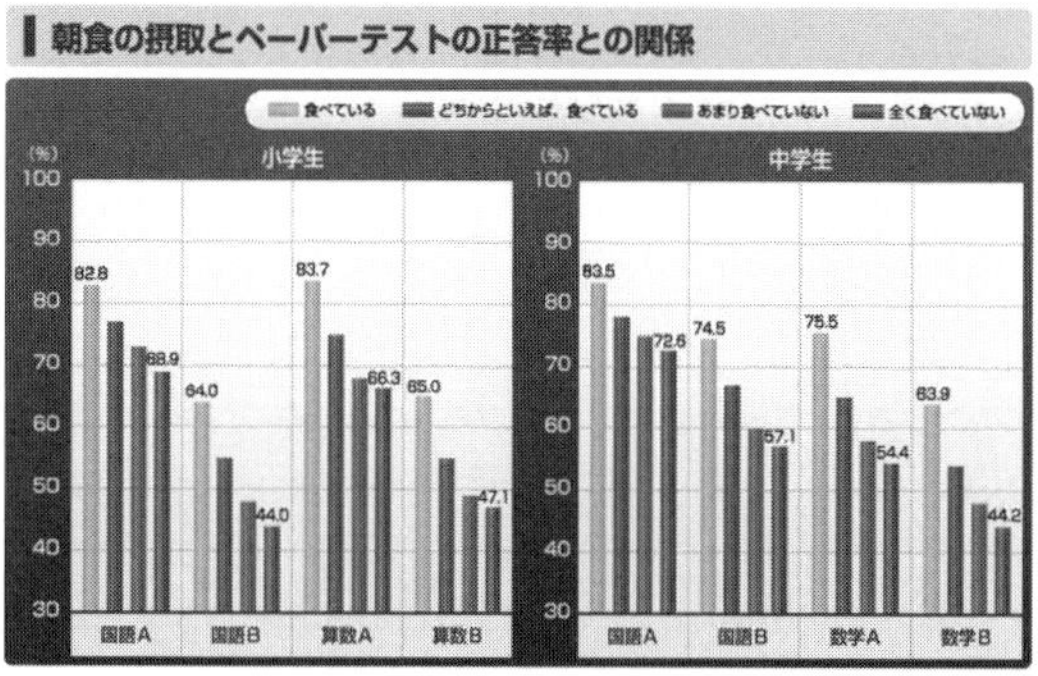

出典：文部科学省・国立教育政策研究所「平成19年度全国学力・学習状況調査」

かに教育の証拠にならないか」を見破るためのものとして活用するのかもしれない。しかし、そこまでヒネクレた見方をしなくてもいいだろう。おそらく、このサイトを作った東京学芸大学の教授たちは、こうした素材が教育について考える際の「証拠」あるいは「根拠」として活用できると考えているのだろう。

では、どんな資料が載せられているのだろうか。一つだけ例示してみよう。同サイトの中に、「子どもの生活の変化を踏まえた適切な指導の在り方」という事項があり、「朝食とペーパーテストの正答率との関係」という調査結果がグラフで示されている（図1-2）。

特に何も解説はついていないので、これをどう利用するかは利用者が判断して使いなさいということなのだろうが、この調査の出典は「文部科学省・国立教育政策研究所『平成19年度全国学力・学習状況調査』とあるので、国立教育政策研究所のもともとの調査結果を見てみることとする。すると、「調査結果のポイント」という解説のページがあり、同じグラフが描かれた結果の上に「朝食を毎日食べる児童生徒の方が、正答率が高い傾向が見られる」と書かれている。

これだけでは、これをどう使えと言っているのかは明確ではない。しかし、教員免許更新講習の必修科目では「子どもの生活の変化を踏まえた適切な指導の在り方」を現職教員たちに学ばせることが目指されている。そして、この調査結果はまさにそうした指導のための素材として掲げられているのであるから、この資料を活用する講習会講師（大学教員）はこう教えるにちがいない。

①最近の子どもたちは生活習慣が乱れ、朝食を食べなくなってきている。
②しかし、朝食は大事である。
③その証拠に「朝食を食べている子どもほどテストの成績が良い」という調査結果が得られている。
④そこで、教員は子どもたちに朝食をちゃんと食べてくるよう指導するべきである。

担当講師は、これに加えて「最近は『根拠に基づく教育』が重要視されてきている。だから、文科省も根拠となるようなデータをしっかり準備しているんだ」なんてことも言うかもしれない。講習を受けた教員たちは、「なるほど、文科省や国立教育政策研究所がやった調査なら間違いない根拠だな」と考えるだろう。

こう考えることのどこが問題なのだろうか？　実は、右に述べた①②③④はすべて間違っているからである。まず①はこのグラフから読み取ることができない。「子どもの生活の変化を踏まえた」という文脈に引きずられて、グラフの中に勝手に「変化」を見ようとしただけにすぎない。②もこのグラフとは本来は無関係なことであるが、多くの教育関係者は暗黙のうちにこう信じているだけのことである。ただし、もし③が正しいならば、②も正しいことにはなる。では、③は正しいだろうか？　これは、統計学の初歩に学ぶ「相関関係と因果関係の取違いの例」の典型的なものである。このグラフからだけでは、「朝食を食べることが原因」で「成績が良いことがその結果」であることはわからない。成績が良いことが原因となって、朝食を食べるようになっているかもしれないからである。あるいは、何か別の第3の要因によって、朝食を食べることと成績が良くなることが引き起こされている可能性もある。繰り返すが、これは統計学の初歩中の初歩であって、国立教育政策研究所たる研究機関がこんな間違いを犯してはいけない。さらになさけないことに、その間違いをそのまま東京学芸大学も気づかずに転載している。最後の④も、③が正しくないのであるから、当然正しくない。つまり、①②③④のすべてが正しくない。

さらに言うと、東京学芸大学の罪はもっと大きい。なぜなら、この調査結果を引用する際に、国立教育政策研究所のサイトに「朝食を毎日食べる児童生徒の割合に増加傾向がうかがえる」という結果が、この結果のすぐ上に示されていることに気づかなかったはずがないからである。しかし、そのことを示す調査結果を見せてしまうと、大前提となる①が成り立たなくなってしまう。そこで東京学芸大学は、①とは逆の結果はあえて無視して、③だけを示す（と言っても本当はそうでないが）グラフだけをサイトに引用したとしか考えられない。

「この調査結果は確かに相関関係だけを示すものだけれども、この結果からだけでも素直に見れば『朝食を食べると成績が上がる』という因果関係は読み取れるのではないか」とお考えの読者もいるかもしれないので、ダメ出しをしておこう。おそらく、こう考える読者は図1-2に示された「食べている」「どちらかといえば、食べている」「あまり食べていない」「全く食べていない」に分類された子どもたちが、それぞれ同じくらいの割合（たとえば1／4ずつ）だったと考えたにちがいない。こういう4つのグループに子どもたちを分けて、それぞれの子どもたちの学業成績を調べることは、ランダム化にはならないものの、比較対照実験的ではあるからだ。

しかし、これも東京学芸大学がもう一つのグラフを隠した理由なのだと思うが、もう一つのグラフを見ると、小学生で「食べている」子どもが86％、「どちらかと言えば、食べている」が9％、「あまり食べていない」が4％、そして「全く食べていない」は1％未満なのである。つまり、ほとんどの子どもはちゃんと朝食を食べてきている。「朝食を食べていない」子どもは5％もいないのだ。こうしたごく少数の子どもたちは、朝食を食べないことよりも、もっと重大な事情を抱えている可能性が高い。そうした子どもに、免許更新講習を受けてきた教員が能天気に「朝食を食べてくるよう」指導するようなことを東京学芸大学の教授たちは望んでいるのだろうか。こうした子どもの家庭環境の複雑さを考えて、スクールソーシャルワーカーとの連携でもっと本格的な救済策を考えるべきである。

(2) 因果関係の証拠はランダム化比較対照実験でしか得られない

いくら「証基教育」を叫んだところで、証拠にならないものを証拠と考えているのでは、何にもならない。調査は実態を調べたもので、一見、証拠になりそうであるが、ほとんどの調査は証拠にはならない。なぜなら、調査では因果関係がわからないからである。医療でも教育でも、証拠になりうるのはランダム化比較対照実験だけである。

といっても、調査がまったく証拠にならないわけではない。たとえば、❶で述べた40年前のクラスサイズについての調査結果は、「当時のクラスが今よりも多人数であったこと」の証拠となる。全国学力・学習状況調査によってA県の成績がB県の成績より良いことがわかれば、それは「A県の方がB県よりも成績が良いこと」の証拠となる。同じ全国調査を繰り返すことで、各県の成績の変化を知ることもできる。C県の成績が5年前から上昇する一方で、D県の成績が下がっていることも、そうした調査結果が証拠となる。

しかし、教育を実際に行なう教員や、教育政策を作る文科省にとって必要とされる証拠は、因果関係を示す証拠である。たとえば、新しい教授法Aが従来の教授法Bより優れたものであるかどうかについての証拠は調査からは得られない。調査で因果関係を証拠づけることはできないからである。因果関係を証明するためには、ランダムに分けた2つのグループの児童生徒に対してそれぞれ教授法AとBとで教え、その結果、どちらのグループの成績の方が良くなったかを実験で確認しなければならない。これは、新しい治療法が従来の治療法より優れているかを検証するためのランダム化比較対照実験と同じことである。

犯行現場に容疑者の指紋が残っていたとすれば、それは証拠として有効であるが、その証拠は「容疑者が犯行現場にいたこと」を示す証拠にはなっても、「容疑者が犯人であること」の証拠にはならない。容疑者が原因となって、犯罪という結果を引き起こしたことを証明するためには、そうした因果関係を立証できるような別の証拠が必要なのである。

教育でも同じである。朝食を食べる子どもの方がテストの成績が良いことが調査でわかっても、それはそうした事実についての証拠であるにすぎない。朝食を食べることがテストで良い成績を取ることの原因であることを立証するためには、子どもたちをくじ引きでランダムに2グループに分け、一方のグループには「毎日朝食を食べてくるよう」指示し、もう一方のグループには「朝食を食べてこないよう」指示して、数カ月間続けた後で、テスト成績に差があるかどうかを比較する（ランダム化比較対照）実験を行なう必要がある。そうした実験の結果、もし朝食を食べてくる子どもの方が成績が良いことが確認できれば、その実験結果が朝食を食べることが良い成績の原因となること」の証拠となるのである。

そうはいっても、医療の分野と同様に教育の分野でも、ランダム化比較対照実験を実際に実施することは極めて難しい。子どもたちを「実験台」にすること自体が問題視されるだろうし、くじ引きで2つのグループに分けて違う教育を受けさせるようなことにも教育関係者の多くは抵抗を感じるだろう。しかし、だからといって、ランダム化比較対照実験を避けていたのでは、いつまで経っても「証基教育」は実現しない。そのための証拠がランダム化比較対照実験でしか得られないからである。だからこそ、アメリカ教育省はＮＣＬＢ法という法律を作ってまで「証基教育」へ舵を切ることにした。日本でも誰かがイニシアティブをとって、ランダム化比較対照実験による証拠集めを始めなければならない。

(3) ランダム化比較対照実験だというだけでは証拠不十分

実は証拠の軽視は専門家でも犯しやすい過ちである。中室牧子(2015)『「学力」の経済学』[★2]は、証基教育の重要性を一般に広く知らしめた良書であるが、残念ながら、その中室さん自身が証拠を軽視している。この本の中に、「〝やればできる〟というメッセージを受け取ることが返って成績を悪くしてしまう」というフォーサイスとカーの研究が紹介され、「学生の自尊心を高めるような介入は、学生たちの成績を決してよくすることはないこと」の証拠とされている。しかし、このフォーサイスとカーの研究[★3]は、20年近くも前にアメリカ心理学会でポスター発表されただけの研究であって、証拠と言えるような研究ではない。WWCが証拠の条件としている「客観的で厳密な審査つき学術誌に掲載」という基準をまったく満たしていないのである。著書らの経験でもポスター発表の審査を通過することはさほど難しいことではない。証拠が重要であることを主張する本の中に、証拠にならないものを紹介しているのでは、シャレにもならない。こんなことで読者を欺こうと考えたとも思えないので、おそらく中室さん自身が「この研究では証拠として不十分であること」を理解できていないのである。

「そんな意地悪いアラ探しをしなくても、この部分の全体的論理は間違っていないのでいいのではないか」と考えるのだとしたら、いつまで経っても「証基教育」の重要性は理解で

図1-3 中室牧子（2015）『「学力」の経済学』

きないであろう。どんなにもっともらしいことでも、どんなにエラい人が言っていることでも、それより、科学的な証拠の方を優先するべきだ、というのが「証基教育」だからである。実は、こんなポスター発表よりも確かな研究成果、ＷＷＣの基準でもっと上に格付けされる証拠は、真逆のことを示している。「生徒の自己効力感を高めるような介入は、生徒たちの成績を向上させる可能性が高い」のである。これは私たちの研究である[★4]（Mori & Uchida, 2009）。この研究はイギリスの『教育研究（Research in Education）』という学術誌に掲載されており、「客観的で厳密な審査つき学術誌に掲載」というＷＷＣの基準をクリアしている。ただ、この研究は「成績を向上させる可能性が高い」としか今のところ言えない。証拠として不十分なのは、研究の規模（実験に参加した生徒の数）が十分とは言えないからであ

る。証拠としてWWCの基準をクリアするのは、それほど厳しいのである。

しかし、考えてみてほしい。容疑者が有罪とされる際に証拠となるのは、弁護側がどんなアラ探しをしても揺るがないものでなければならない。証拠もないのに、検察官や裁判官の総合的な判断で有罪にしてしまうのでは、冤罪が増えるばかりである。同様に、何十億円、時には何千億円も使ってなされる教育政策も、その根拠となる証拠が揺るがないものでなければならない。そう考えると、ダメだとされたゆとり教育も「冤罪」だったのではないだろうか。さらには、ゆとり教育が導入される際に「ダメ出し」をされたそれ以前の教育も「冤罪」だったのではないだろうか。

4 この本で述べたいこと

本書では、現職の中学校教員である内田と大学で教育心理学を研究している守とが共同研究を行ない、ランダム化比較対照実験を実施することによって得られた「証拠」を提示したいと思う。実は、本書で紹介する証拠はたった一つだけである。それは「数学嫌いの生徒であっても、それを偽装している可能性があり、その偽装を潜在意識調査で見つけ出し、それを伝えることで、真の数学嫌いにならないようにできる」ということである。本書まるまる一冊を使って、たった一つの証拠を提示するわけだ。そうすることで、「証基教育」のための証拠となる科学的研究がいかに時間のかかるものであり、また厳密になされるものであるかを知っていただきたいと思う。たった一つの証拠をえるために何年間もの時間と、ランダム化比較対照実験に協力（参加）してくれる何百人かの生徒が必要となる。学校でそうした実験を行なうためには、学校長をはじめとする教員全員の協力も不可欠である。さらには、この「証拠」を手に入れるために実施した実験には、私たちが開発した潜在意識が探れるテストが使われている（Mori, Uchida, & Imada, 2008）[★5]。「証拠」を得るための研究を行なうためには、こうしたテストの開発から始めなければならない。このテストの開発から数えると、本書で紹介する「証拠」を手にするまでに10年以上がかかったことになる。

しかも、得られた「証拠」は、今まで誰も知らなかったような「大発見」であるわけでもない。現場の教員なら日常の経験を通して誰でも感づいていたようなことかもしれない。すでにわかっていることを、なぜ時間と手間をかけて、生徒を「実験台」にまでして明らかにする必要があるのだろうか。それは、どんなに時間と手間がかかっても、科学的証拠にはそれだけの価値があるからである。経験を通して見つけたことは正しいかどうかの証拠とはならない。どんなに明らかに思えることであったとしても、太陽が昇り沈むという現象が科学的には正しくないのと同様に、科学的には正しくないのかもしれないのだ。天動説を信じている限りは、月へ宇宙船を送ることもできなかっただろう。科学的に正しくないことからは、新しい知見も技術も生まれないからである。時間はかかっても、科学的な証拠を一つずつ積み上げていけば、誰も気づかなかった新しい発見が教育の世界でも得られるだろう。それでは、教育の科学化と「証基教育」の世界へご案内しよう。

第2章

国際調査での日本の子どもたちの成績

国際的な調査では、日本の子どもたちは常に数学の成績で世界のトップレベルを維持している。しかし、同じ調査で日本の子どもたちは「数学の勉強が嫌い」だと回答する。「好きこそものの上手なれ」の諺《ことわざ》があるように、学校の教科でも好き嫌いと成績とは明らかに関係している。しかし、この国際調査の結果はこうした常識とは一致しない不思議な現象である。

1 国際学力調査

第1章で「証基教育」について述べた際に、2001年にNCLB法を作ったアメリカだけでなく、ヨーロッパにおいても2004年には経済開発協力機構（OECD）が「証拠に基づく教育政策研究（Evidence-based Policy Research in Education）」というプロジェクトを立ち上げ、さらにその前にも、ケンブリッジ大学教授ハーグリーブズの1996年の「証基教育」提唱の講演があったことを紹介した。しかし、ヨーロッパにおける「証基教育」の推進に関わる象徴的なプロジェクトは、OECDが始めた国際的な学力調査（PISA:

Programme for International Student Assessment)であろう。ベルギーの国際教育研究所のフィガツォーロ★1は、PISAの開始が、OECD加盟国において教育政策の中心的存在となった「証基教育」の流れの中でなされたものであると述べている。ちなみに、OECDはアメリカも参加する国際機関であるが、本部はパリにあり、ヨーロッパ主導の国際組織である。プログラムのつづりがアメリカ式のProgramではなく、フランス式になっているのもそのせいだ。

国別に子どもたちの学力を調べて教育政策に役立てようとするプロジェクトとして、PISAよりも早く、1995年から始まった国際学力調査に「国際数学・理科教育調査(TIMSS: Trends in International Mathematics and Science Study)」というものがあり、日本はこれにも参画して来ている。TIMSSは国際教育到達度評価学会(IEA: The International Association for the Evaluation of Educational Achievement)という非政府組織が実施するもので、PISAが読解力(文字通りのリテラシー)、数学的リテラシー、科学的リテラシーという3つの分野(ほぼ、国語・数学・理科に相当する)の学力を対象にしているのに対し、TIMSSは数学と理科だけに絞った調査である。(もっとも、後述するようにIEAは2001年から「国際読解進度調査(PIRLS: Progress in International Reading Literacy Study)」というPISAの読解力調査に相当する調査も行なってきているのだが、日本はこのＰＩＲＬＳには参加していないため、このことはあまり知られていない。）

ちなみに、ＰＩＳＡとＴＩＭＳＳは通常、「ピザ」「ティムス」と発音される。ＰＩＳＡは、日本語的には「ピサ」と読みたいところだが、「ピザ」とSを濁ってZのように読む。クレジットカードで有名なVISAと同じと覚えておくとよい。一方、ＴＩＭＳＳの最後のSSは「ス」と読むのだが、わが文科省のウェブページ（http://www.mext.go.jp/component/a_menu/education/micro_detail/__icsFiles/afieldfile/2016/12/27/1379931_1_1.pdf）に行くと、わざわざ「ティムズ」とフリガナが振ってある。「そうか、ＴＩＭＳＳもＰＩＳＡと同じように、ティムズと濁って読むのか」と早合点してはいけない。文科省が間違っているのである。これは「ティムス」と清音で読むのが正しい。このことは「Sは語内の位置によって不規則に/S/と読んだり/Z/と読んだりするが、SSと続く場合は/S/と読む」という英語の音韻規則からも明らかである。では、なぜ文科省は間違えてしまったのか。ＴＩＭＳＳの実施機関ＩＥＡのエグゼキュティブ・ディレクターのウェイジメイカー氏が２０１１年実施分のＴＩＭＳＳとＰＩＲＬＳの結果をリリースした際のビデオ動画がある（https://www.youtube.com/watch?v=ltDekgibmfM）。この中で、確かにウェイジメイカー氏は「ティムズンパールズ」と言っているのだ。おそらく文科省の関係者もビデオなどでこうした発言を聞いたのであろう。でも、これはＴＩＭＳＳのすぐ後にandが来たからであって、日本語でも「勉強机」を「べンキョウヅクエ」と読むのと同じことである。このビデオの中で、一カ所だけ、ウェイジメイカー氏がTIMSSをPIRLSと切り離して発音しているところがある。そこでは、ちゃんと「ティムス」と発音している。私たち著者が参加した数学教育の国際学会でも、参加者たちは「ティムス」と濁らずに発音していた。

フィガツォーロも指摘するように、PISAやTIMSSは「証基教育」にとっても重要なデータを提供するものである。しかし、それでも注意しなければならないこととして、PISAやTIMSSは調査であり、因果関係は明らかにできないということである。国際学力調査の結果から子どもたちの国ごとの学力に違いがあることがわかり、国ごとの様々な経済指標と組み合わせることで、そうした学力の違いがどんな要因で生じたのかのヒントが得られる。たとえば、いわゆる「先進国」と呼ばれる国の方が子どもたちの学力が高い傾向がある。しかし、このことは「経済発展が原因」で「学力が結果」であることの証拠にはならない。調査からは因果関係の証拠は得られないのである。

PISAの実施責任者のシュライヒャー博士は、各国の教育学者や教育政策担当者がPISAの結果を分析したり、成績の良い国の教育政策を詳しく調べたりすることで、自国の教育を改善するための情報を見つけ出すことを推奨している。以下では、PISAとTIMSSについて、もう少し詳しく紹介し、それぞれの調査から日本の教育政策がどのような影響を受けてきたかを振り返って見たい。

2 PISA調査

文科省のホームページではＰＩＳＡは「ＯＥＣＤ生徒の学習到達度調査（Programme for International Student Assessment: PISA)」となっている。素直に訳せば「国際生徒評価プログラム」となるはずであるが、なぜ文科省（あるいは日本におけるＰＩＳＡの実施機関である国立教育政策研究所）はこんな訳語をあてたのだろうか。ＰＩＳＡは「学習到達度」を測定しようとしているわけではない。ＰＩＳＡの特徴は「活用能力」を測ろうとしていることにある。具体例で示せば、「学習到達度」というと数学なら「2次方程式が解けるところまで到達した」という表現がぴったりくるだろう。高校入試でも大学入試でも日本で主流の学力テストはこうした到達度評価である。しかし、ＰＩＳＡの開発責任者のシュライヒャー博士は、学校で習ったことそのものではなく、学校で習得した知識や技能を新しい状況で適切に活用する能力をこのテストで測ろうとしていると述べている。だから、この訳語は不適切だと言わざるを得ない。

たとえば、ＰＩＳＡの問題は図2-1のようなものである。（ここでは、数学的リテラシーの

図2-1　マンションの購入に関する問題

下は、翔太さんの両親が不動産業者から購入しようとしているマンションの間取り図です。

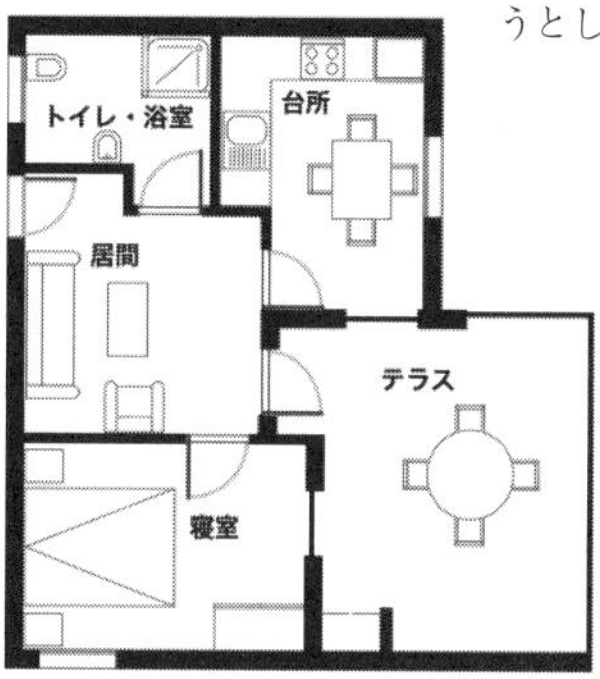

各部屋の面積を求め、合計することで、マンションのおよその総床面積（テラスと壁を含む）を見積もることができます。
しかし、もっと効率的な方法もあります。４か所の長さを測るだけで、およその総床面積を見積もるのに必要な測定か所４つを、上の図に示してください。

縮尺 1cm ＝ 1m

例題を示したが、国立教育政策研究所のウェブサイト http://www.nier.go.jp/kokusai/pisa/pdf/2015/04_example.pdf には他の領域の問題例も公開されている。）

これはどう見ても「学習到達度」を調べる問題ではない。そこで、文科省（国立教育政策研究所）自身も、こうしたＰＩＳＡが測ろうとしている活用能力を「ＰＩＳＡ型学力」と名付けることにしている。ということは、ＰＩＳＡは「国際生徒〝ＰＩＳＡ型学力〟評価プログラム」なのであって、同語反復を避ければ「国際生徒評価プログラム」となり、何のことはない直訳したものと同じものになる。いったい、文科省はなぜこんな不適切な命名をしたのだろうか。以下では、「ＰＩＳＡ調査」と呼ぶことにするが、文科省による不適切な命名は後でもう一度問題にする。

ＰＩＳＡ調査の責任者であるシュライヒャー博士は、ＯＥＣＤ加盟国の教育政策がどの程度うまくいっているかを評価するためには、義務教育を終えた子どもたちが、どれだけの能力を持っているかを測ることが肝要だと考えた。そして、加盟国の多くにおいて義務教育が終わる年齢である15歳を評価対象年齢とすることにしたのだという。

数年の準備期間をおいて、第1回のＰＩＳＡ調査が実施されたのは２０００年であった。アメリカのＮＣＬＢ法の制定が２００１年だったことと合わせ、21世紀は「教育の科学化」の世紀であることを象徴するものである。日本はこの第1回目から、このプログラムに参加してきている。そして、第1回調査では、数学的リテラシーで1位、科学的リテラシーで2位、読解力でも8位と、参加32カ国の中で上位の成績を修めた。その後、この調査は3年ごとに行なわれてきているが、日本は常に上位をキープしてきている。（それでも、２００３年調査と２００６年調査での順位の低下が一時大きな問題となったことは後述する。）

ということは、２０００年、２００３年などのＰＩＳＡ実施年度に15歳だった人はこの試験を受けたはずであるが、読者の中に実際にこの試験を受けた人はほとんどいないであろう。なぜなら、実施の年でも「15歳の生徒全員が受験する」わけではないからである。試験を受けるのはサンプルとして抽出された生徒だけである。日本でのＰＩＳＡ実施機関である国立教育政策研究所のウェブサイトによれば、２０１５年調査の対象となったのは「全国の高等学校などの1年生約115万人から選出した約6600人の生徒」である。つまり、わずか0・5％について調べているにすぎない。こんなわずかな数を調べるだけで日本の子どもの学力調査ができるのだろうか。この程度のサンプルでは、調査の年によっては進学校の生徒だけが調査対象となり、別の年にはそうでない高校が調査対象となったりして、調査結果が大きく変わってしまうのではないだろうか。また、国によっては、他国に負けないようにするために、成績の良い生徒だけをサンプルにしたりしないだろうか。そんな疑問がわいてくる。

実は、科学的な調査手続きを用いればサンプルが小さくても十分に有効な調査をすることができる。ただし、そのサンプルは「ランダムに」抽出されたものでなければならない。第1章のキーワードでもあった「ランダム」という用語がまた登場してきたが、「ランダムに」という言葉はここでも「くじ引きで」という言葉に置き換えることができる。「ランダム化比較対照実験」では、特定の教授法で教える子どもたちと比較対照となる子どもたちをくじ引きで2つのグループに分けたのだが、「ランダム・サンプリング」では、調査対象となるサンプルとして日本の15歳115万人から6600人をくじ引きで選ぶのである。こうすることによって、進学校に通っているような生徒や、いわゆる「底辺校」と呼ばれる高校の生徒も偏りなく選ばれることになり、サンプルが「全体の縮図」になるのである。また、くじ引きでサンプルを選ぶことにすれば、成績の良い生徒だけを集めるようなこともできない。

サンプルをランダムに選びさえすれば、「全体の縮図」になるのだとしたら、６０００人もサンプルを取らなくても６００人でも良さそうである。なぜ、６６００人ものサンプルを調べたのだろうか。それは同じように「全体の縮図」となるものであっても、サンプルが大きいほど、その精度が高くなるからである。ただし、精度はサンプルサイズの平方根に比例して高まるだけである。そこで、精度を10倍にするためにはサンプルを１００倍大きくしなければならない。実際の調査には時間とお金がかかるわけだから、コストパフォーマンスを考えると、５０００〜1万人くらいがちょうどいいのである。1万人のサンプルなら、誤差が１００分の1になるからだ。（上記の例の６６００人だと、誤差は約80分の1になる。）

もっとも、実際には６６００人を一人ずつくじ引きで選んでいるわけではない。前述のサイトの記述によれば、「まず、くじ引きで１９８校を選び、各学校からさらに調査対象となる生徒をくじ引きで選んだ」ようである。日本中から６６００人を一人ずつ選んだのでは、試験も一人ずつバラバラに実施することになって、きわめて非効率である。そこで、高校の学級単位でのくじ引きを行ない、１９８校を選んで試験を実施したわけである。さらに、調査の分析に使うのはそうした生徒の中からさらにくじ引きで選んだ生徒だけということになる。調査対象となる生徒を一人ずつくじ引きで選ぶと、選ばれた生徒は「自分はみんなの代表である」と意識してしまい、特別に張り切って普段以上の成績を修めたり、逆にプレッシャーで普段通りの成績が取れなかったりする弊害も起こる。また、調査対象となる生徒があらかじめわかっていると、成績が思わしくない調査対象の生徒を「病欠」にしてしまうような不正も起こる可能性がある。

PISA調査の実際の試験時間は、読解力、数学的リテラシー、科学的リテラシーのそれぞれ2時間なので、全部で6時間以上かかる。生徒は試験以外に学習習慣などについてのアンケート調査にも答えることになる。サンプルとなった生徒は教育の科学化のためにこうした時間的貢献をしているのである。

(1)「ゆとり教育」とPISAショック

戦後の高度成長期の教育ブームの時代には、進学競争や受験戦争に有利ないわゆる「詰め込み教育」が学校教育でも広く行なわれていた。日本が戦後の復興をなしとげ、世界第2位の経済大国になったとされた1970年代終わり頃には、高度成長も鈍り、教育の目標も世界に追いつくことから、新しい知を生み出すことが求められるようになった。そうした中で「詰め込み教育」への反省から登場してきたのが「ゆとり教育」であった。

「ゆとり教育」は文科省が名づけたものではないが、知識偏重型の教育から、思考力や活用力を重視した方向への学習指導要領の改訂が1980年から始まり、その後の2回の改訂でも同じ方針が徐々に強められることになった。なかでも、２００２年の学習指導要領改訂は、「完全週休２日制の導入と時期が重なったこともあって、特に人々に強い印象を持って「ゆとり教育」導入の年とみなされている。

一方、第１回のＰＩＳＡ調査では数学的リテラシーが１位、科学的リテラシーが２位という好成績を収めた日本は、２００３年の第２回ＰＩＳＡ調査、２００６年の第３回ＰＩＳＡ調査と２回続けて順位を下げる結果となってしまった。得点そのものも、数学的リテラシー得点は、第１回の５５７点から、５３４点、５２３点と連続して低下してしまった。ところで、ＰＩＳＡの得点は全体の平均が５００点、標準偏差が１００点になるよう標準化されたものである。データのバラツキを示す指標である標準偏差は、サンプルが６６００人の平均値ではその80分の１になるため、平均値が３点違うと統計的に有意だとされる。だから、この得点の低下も単なる誤差の範囲とは言えないわけだ。そして、その原因とされたのが、２００２年から始まったゆとり教育だった。特に、２００６年のＰＩＳＡ調査対象生徒は中学校３年間を丸々ゆとり教育で過ごした生徒だったことから、ＰＩＳＡの結果に表れた「学力低下」は「ゆとり教育」のせいだとされたのである。

(2) 幻だったPISAショック

しかし、第1章でも少し述べたように、PISA調査での成績低下がゆとり教育のせいだというのは「冤罪」だった。成績低下の原因を探る分析を多くの専門家が実施しているが、成績低下が幻であったことを示す理由をいくつか紹介しておこう。

まず、順位の低下はシンガポールや上海(中国としてではなく、都市としてPISAに参加)など、日本よりも上位の成績の国や地域が新たに加わったことが大きく影響していた。そして、順位だけでなく、得点が下がったことも考慮しなければならない。前述のように、PISAの得点は全体の平均が500点、標準偏差が100点になるよう換算されたものである。実は、これは日本の学校ではおなじみの偏差値と同じである。偏差値は平均が50点、標準偏差が10点であるから、PISA得点は偏差値を単純に10倍にしたものにすぎない。偏差値はテストを受けたすべての生徒の中での相対的な位置づけ、つまり順位を得点化したものである。だから、成績の良い生徒(国)が数多く参加するようになれば、まったく同じような成績であっても、偏差値(PISA得点)は下がってしまうのである。全国的な模擬試験に学校単位で参加していたある高校が、参加初年度の模試では学校の数学の偏差値の平均が55・7だったのに、2回目は53・4に下がり、3回目はさらに下がって52・3になったという状況に等しい。その間に、良い成績の高校が新しく模試に加わってきたのである。

それでも、こうした低下は「統計的にも有意」であることも事実である。しかし、まったく同じ問題が使われたわけではなく、この程度の変動は未知の要因による「誤差の範囲」と考える方がいいのではないだろうか。現に、２００７年の段階ではまだわからなかったことであるが、その後の２００９年調査、２０１２年調査では５２９点、５３６点と数学の成績が回復している。この程度の点数の変動で一喜一憂する必要はないのである。

仮に成績が下がったことが事実であるとしても、その原因が何であるかはＰＩＳＡ調査結果からはわからない。何度も繰り返すことになるが、調査から因果関係はわからないのである。にもかかわらず、２０１１年の学習指導要領の改訂では「脱ゆとり教育」へと方針転換がなされてしまった。皮肉なことに、ＰＩＳＡショック後の２００９年のＰＩＳＡ調査では同じゆとり世代の生徒が調査対象だったにもかかわらず成績が上昇し、２０１２年の調査ではさらに成績が上がった。２００３年調査２００６年調査での成績低下をゆとり教育のせいにするのなら、２００９年２０１２年の成績上昇はいったい何のせいなのだろうか。十分な調査分析がなされないままに間違った原因究明をして、教育政策を変更してしまうのでは、ＰＩＳＡ調査に参加している意味がないではないか。

実は、ＰＩＳＡで測っている「ＰＩＳＡ型学力」と「ゆとり教育」が目指していた「新しい学力観」とは同じ方向を目指したものだった。前に述べたように、ＰＩＳＡが測っているのは、学校で習得した知識や技能を新しい状況で適切に活用する能力である。そして、「ゆとり教育」が目指していたことも、知識の詰め込みではなく、「獲得した知識をいかに活用するか」「それについてどう考えるか」といった活用力や思考力だった。

「ゆとり教育」とＰＩＳＡ調査結果との因果関係について合理的な推論がなされるとすれば、「ＰＩＳＡ調査の成績が下がったのは、ゆとり教育がまだ不十分だからだ」というものだったはずである。こうした真っ当な解釈がなされずに、むしろ真逆の因果関係が広まってしまったことの責任の一端は、文科省がＰＩＳＡに「学習到達度調査」という間違った命名をしてしまったことがあると思う。多くの人々が「ゆとり教育では学習到達度が高まらない」と考えてしまったのである。

第3回ＰＩＳＡ調査での順位の下降が日本では「ＰＩＳＡショック」と呼ばれているが、ドイツの教育関係者が味わった「ＰＩＳＡショック」に比べたら、日本のものはショックのうちに入らないだろう。ドイツにおける「ＰＩＳＡショック」は第1回のＰＩＳＡ調査結果によってもたらされた。世界に誇る科学大国だったドイツの子どもたちのＰＩＳＡの成績は、全体の平均点を下回り、調査に参加した32カ国中なんと21位だったのである。ドイツは第1回のＰＩＳＡの結果を重大に受け止め、種々の教育改革を行なった結果、２００６年にはＯＥＣＤの平均以上に成績を上げ、その後も平均以上の成績を維持している。

実は、ＰＩＳＡには大人版もある。ＯＥＣＤは「国際成人能力評価プログラム（PIAAC: Programme for International Assessment of Adult Competencies）」を２００８年から始めていて、２０１３年までに集められた参加24カ国分のデータについての結果を２０１３年に初めて公表した。（この調査名も、文科省では「国際成人力調査」となっている。なぜ、原語通りの訳語をあてないのか疑問である。「成人力」っていったい何のことだろう。）このＰＩＡＡＣでもＰＩＳＡと同様の以下の３つの能力、読解力（Literacy）、数的思考力（Numeracy）、ＩＴ利用問題解決力（Problem Solving in the IT Society）が調べられたのだが、日本の成人（16－65歳）は３つの能力すべてにおいて「世界一」であることがわかった。しかし、このことはほとんどマスメディアでも取り上げられなかった。文科省もあまり積極的に宣伝しなかったようだ。日本の戦後70年間の学校教育の素晴らしさを実証したこうした調査結果はもっと広く国民に知らせるべきだったと思う。

3 ＴＩＭＳＳ調査

国際数学・理科教育動向調査（TIMSS: Trends in International Mathematics and Science Study）は、非政府機関である国際教育到達度評価学会（IEA: The International Association for the Evaluation of Educational Achievement）が行なう小学校４年生と中学校２年生を対象とした国際学力調査である。前述のＰＩＳＡよりも早く１９９５年から調査が始められ、４年ごとに実施されてきている。２０１５年の調査には、日本を含む57カ国と７地域が参加した。

この章の導入部分では、ＰＩＳＡとの違いとしてＴＩＭＳＳでは対象となる教科が理数に特化していることを指摘したが、そうした特徴づけは実は適切ではない。そこでも述べたように、ＴＩＭＳＳは２００１年からＰＩＲＬＳという読解力調査と組み合わせて実施されてきていて、「ＴＩＭＳＳ&ＰＩＲＬＳ」という調査だと考えれば、対象となる教科はＰＩＳＡとほとんど同じということになる。

むしろ、両者の違いはＰＩＳＡ調査が活用能力を重視した「新しい学力観」の評価をしているのに対し、ＴＩＭＳＳ調査は学校教育における伝統的な学力を評価するものである点にある。そこで、ＴＩＭＳＳ調査では、テスト項目が教育課程と細かく対応づけられている。たとえば、それぞれの問題が、数学のどんな領域のどんな内容を問うものであるかが明示できるようなものとなっている。これはＰＩＳＡ調査との大きな違いである。（もっとも、これはＴＩＭＳＳの問題が違うというよりも、後から開発されたＰＩＳＡの方がＴＩＭＳＳと違う問題を用意していると考えるべきであろう。）

そこで、ＴＩＭＳＳ調査では、総合得点だけでなく数学（あるいは理科）における学力レ

図 2-2 中学２年生の数学における問題例

「高（High）550」
a=5, b=2 のとき
$a^2b-3(a-b)$ の値は？

「低（Low）400」
3^3 の値は？　Ⓐ 6 Ⓑ 9 Ⓒ 27 Ⓓ 33

図 2-3 TIMSS2015 における上位５カ国と上級 625 段階の割合

1.シンガポール（54%）、2.韓国（43%）、3.台湾（44%）、4.香港（37%）、5.日本（34%）

ベルの基準を用意しておいて、各生徒がその基準に達しているかどうかを評価するという方式も使われている。基準は「上級（Advanced）６２５」「高（High）５５０」「中（Intermediate）４７５」「低（Low）４００」の４段階である。ＴＩＭＳＳ２０１５の国際結果の中から、中学２年生の数学における高５５０と低４００段階の問題例を示すと図2-2のようになる。（上級と中レベルの問題例には式だけで示せるものがなかったため、ここでは省いた。）

国別の結果は、この４つのレベルに達している子どものパーセンテージによって示される。そして、ランクづけは総合得点と共に上級レベルに達した子どものパーセンテージによってなされる。上級レベルは、「生徒は情報を利用して自分の考えを持ち、結論を導き、一般化を行うことができる」かつ「一次方程式を解くことができる」水準である。そして、ＴＩＭＳＳ

2015における上位5カ国とその上級625段階のパーセンテージは図2-3のようであった。シンガポールなどの上位3カ国とは差をつけられてしまっているが、それでも日本の子どもの成績が世界でトップクラスであることは間違いない。上級レベルの比率が第6位のカザフスタンは15%と日本の半分以下であり、日本を含む東アジア5カ国が飛び抜けているのである。この東アジア5カ国は、TIMSSの総合得点によるランクでも順番が違うだけで同じように上位5位までを独占している。さらには、小学校4年生の結果でも同じ5カ国が上位を占める。

日本の子どもたちは、次の「高550段階」まで含めると61%が到達している。図2-4の左側のグラフは、日本の中学校2年生の各段階の割合と国際中央値とを比較したものである。特に注目すべきことは、日本の中学校2年生は89%が中程度の水準である「中475段階」以上に達していることである。この水準は、「様々な場面において基礎的な数学的知識を応用できる」水準である。中学2年生の調査に参加した39カ国のうち半数近い18カ国では、この段階に達している子どもが50%に達していない。これに対し、日本では国民のほとんどが数学の標準的学力に到達し、義務教育がうまく機能していることを証明している。

図2-4 数学の成績と好き嫌い

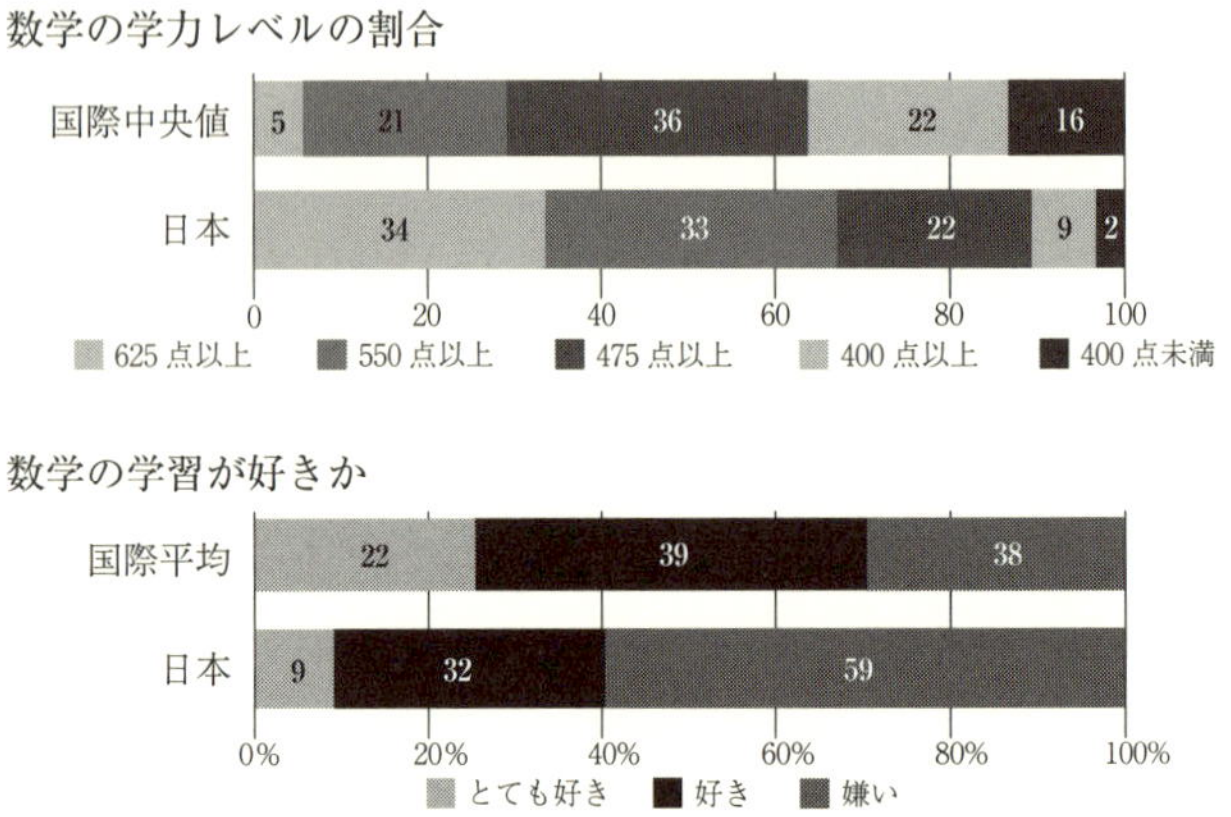

(1) TIMSS調査に現れた日本の子どもの特徴

TIMSS調査では、学力検査だけでなく、学校で学ぶことについてのアンケート調査も同時に行なっている。TIMSS2015調査では数学の学習に関して「数学の学習が楽しい」「数学が好き」「数学の問題を解くのが好き」などの9項目の質問をおこなった。それぞれの質問に対して、「強くそう思う」「ややそう思う」「ややそう思わない」「全くそう思わない」の4件法で回答させ、得点化した。9項目のうち5項目以上で「強くそう思う」、他の項目で「ややそう思う」と回答した生徒の平均値である11・4以上を「数学の学習がとても好きな生徒」とした。また、9項目中5項目で「ややそう思わない」、他の4項目で「ややそう思う」と回答した生徒の平均値である9・4未満は「数学の学習が嫌いな生徒」とした。その他の生徒は「数学の学習が好きな生徒」とした。

実は、日本の中学生の特徴は、このアンケート調査に現れている。「数学の学習がとても好きな生徒」は9％しかおらず、国際平均の22％を大きく下回っている。これは、参加した39カ国の中で下から3番目であった。「数学の学習が好きな生徒」の割合も32％で国際平均（39％）より少ない（図2-4右）。つまり、日本の中学生の6割近くは、「数学の学習が嫌いな生徒」なのである。国際的には「数学の学習がとても好きな生徒」と「数学の学習が好きな生徒」を合わせると61％の割合になる中で、日本の中学生のこうした回答傾向は大きく異なっている。（後述するように、韓国と台湾、香港の中学生も日本の中学生と良く似た傾向を示している。）

この「数学嫌いの傾向」は、前述の「数学がよくできる傾向」を踏まえると、さらに不思議な現象ということになる。ＩＥＡが公開しているＴＩＭＳＳ２０１５の国際結果には、小学4年生と中学2年生のそれぞれについて、数学（算数）の学習が好きであるかどうかをグループ分けし、それぞれの成績の平均が示されている。そのほとんどすべてにおいて、「数学の学習が好き」であるほど、成績も良いというはっきりした傾向が読み取れる。「ほとんどすべて」と書いたのは、「数学（算数）の学習がとても好き」な子どもたちはどの国においても最も成績が良かったが、小学4年生では参加49カ国の中で7カ国、中学2年生では参

図2-5 数学の成績と好き嫌いの関係の模式図

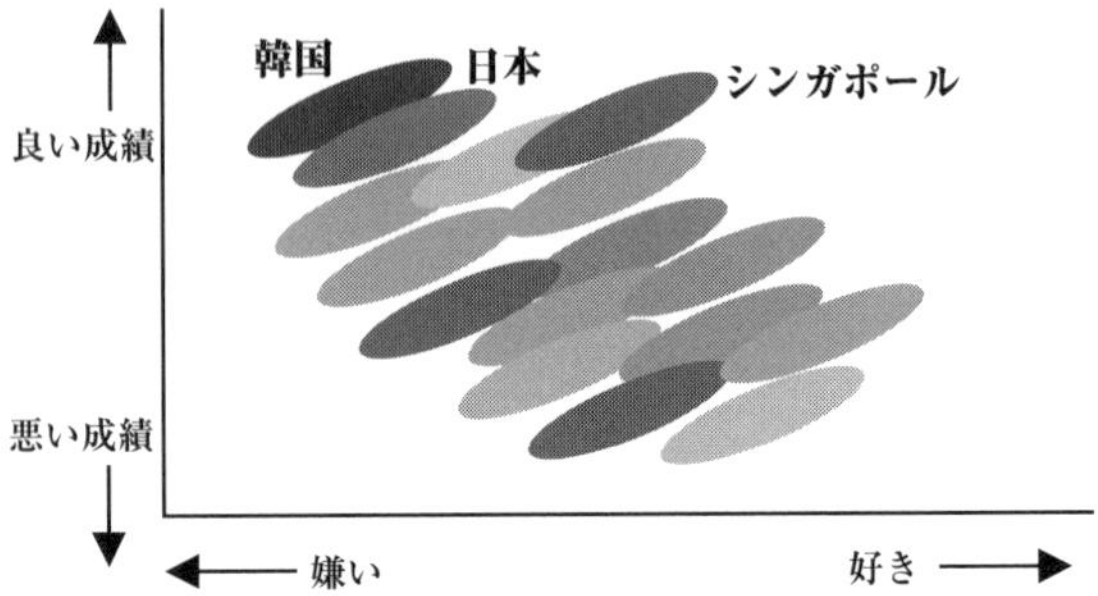

加39カ国の中で4カ国が、「数学（算数）の学習が好き」な子どもたちと「数学（算数）の学習が嫌い」な子どもたちの成績にわずかな逆転現象があったからである。「好きこそものの上手なれ」と言われるように、「数学（算数）の学習を好きな子どもほど成績が良い」のは当然である。日本の子どもたちでも、小学4年生も中学2年生も「数学の学習が好きな子ども」ほど成績が良いという結果になっている。

ところが、この「数学（算数）が好きな子どもほど成績が良い」という一般則が、国別に見ると成り立たないのである。参加国ごとの「数学の学習がとても好きな子ども」の割合と数学の総合得点との相関係数を計算してみると、小学4年生でも中学校2年生でもマイナスの値になる（r＝－0.62,－0.69）。これは、「数学の成績が良い国の子どもほど、数学の学習が好きではない」という傾向があることを示している。これは一体どうしたことだろう。

さらには、「数学の成績が良い国の子どもほど、数学の学習が好きではない」ということの傾向もそう単純には言えない。「数学の学習がとても好きな生徒」の割合をみると、日本（9％）や韓国（8％）、台湾（11％）、香港（15％）は確かにこうした傾向に当てはまるのだが、シンガポールには当てはまらないのだ。シンガポールは国別の成績が小中学校の総合点でも「上級625段階」の割合でも1位の最上位国であるが、「数学の学習がとても好きな生徒」の割合（24％）が国際平均（22％）以上なのである。

（2）「成績が良くて好き」から「成績が良いのに嫌い」になる

実は、日本の子どもの「成績が良いのに数学の学習が嫌い」というねじれた現象は、小学4年生では見られない。小学校4年生で「算数の学習がとても好きな児童」と「算数の学習が好きな児童」を合わせた割合は70％であり、国際中央値の81％よりは低いものの、3人に2人以上は「算数の学習が好きな児童」である。そして、小学校4年生でも、日本の子どもの成績は世界の上位に位置している。総合得点で見ても、「上級625基準」に達した子どもの割合で見ても、日本は5位で、日本の上位4カ国も同じシンガポール、香港、台湾、韓国、である。ということは、日本の子どもは「成績が良くて算数の学習が好き」（小学校4年生）な状態から、「成績が良いのに数学の学習が嫌い」（中学校2年生）へと変化したことになる。

つまり、変化したのは好き嫌いの方なのである。では、なぜ日本の子どもたちは中学生になると「数学の学習を嫌う」ようになってしまうのだろうか。

日本の子どもたちも、小中学校とも国内だけで見れば、「数学（算数）の学習が好きな子どもほど成績も良い」という傾向に変化はない。しかし、国際的な比較では、他の国々の子どもたちに比べて「成績が良いのに数学（算数）の学習が嫌い」という特徴が現れてくる。これは、日本の子どもたちは「数学（算数）の学習が好きな子どもほど成績も良い」という傾向のまま、全体として数学の学習を嫌う方向にシフトしていることを示している。そのために、他の国々の子どもと比べると、全体に数学の学習を嫌っていることになってしまうのである（図2-5にイメージを示した）。

4 日本の子どもは嘘をついているのではないか

そもそも、日本の中学生は本当に「数学の学習が嫌い」なのだろうか。私たちがこの問題の研究を始めたきっかけは、こうした素朴な疑問だった。しっかり予習復習をしている生徒の方が成績が良いのは当然である。しかし、成績の良い生徒に「勉強している？」と聞いたとき、「はい、勉強しています」と正直に答えるだろうか。「いや、あまりしていません」と答えるのではないだろうか。また、生徒同士でも、自分がどれだけ勉強しているかは少なめに言うだろう。特に、学業成績で他人との競争を意識し始める中学生に、そうした傾向があっても不思議ではない。だとしたら、同じように「数学の学習が好きか」という質問にも、「はい、好きです」と正直に答えないかもしれない。少なくとも、中学生の回答を額面通りに受け取るのはナイーブすぎるだろう。

「数学は苦手です」とか「数学（の学習）は嫌いです」と言っておく方が、成績が悪かった時の言い訳にもなる。「苦手です」と謙遜しつつ良い成績を取ってしまうのは、中学生にとってカッコいいことだと考えていたりしないだろうか。認知社会心理学者のギロビッチ（1993）『人間この信じやすきもの』にも紹介されているように、大人でも、セルフハンディキャッピングと呼ばれる戦略がよく使われることが知られている。自分にとって不利な状況をあえて口にすることで、うまくいかなかった時の言い訳にすることができるし、逆にうまくいった時には、自分の能力が高いことを自慢できるからである。

TIMSS調査でも、数学の試験であえて悪い成績を取ろうとはしないだろうが、アンケートにはいくらでも嘘がつける。「嘘」とまではいかないとしても、「強くそう思う」ではなく「そう思う」に、1段階くらい回答を「控えめ」にすることは簡単にできるだろう。そこで、次の第3章ではアンケート調査における嘘の問題について考えてみることにしたい。

第3章 アンケート調査の問題点

学校教育において最も頻繁に活用されるデータ採取の方法はアンケート調査である。いじめが起これば、実態調査として匿名でのアンケート調査が行なわれる。生徒たちが学校生活に適応しているかどうかも、種々のアンケート調査で調べられる。しかし、アンケート調査には2つの問題点があることが古くから知られている。それは、回答者が嘘をつくことがあることと、回答者の無意識的行為については知ることができないことである。

1 学校で多用されるアンケート調査

「日本人に最も知られているフランス語は何だろうか?」

フランス語は英語と並ぶ世界共通語の一つだった。今でも世界の約30カ国で公用語となっている。電子メールの普及によって、もうすっかり使う機会がなくなってしまった航空便には、赤と青の独特な縁取りに加えて、フランス語で航空便を意味する「Par avion」という文字が印刷されていた。そんなことも、今の若い日本人はほとんど知らないだろう。英語に比べると、驚くほど日本人が知っているフランス語の単語は少ない。

　そうした中で、日本人のほとんど全員が知っているだろうフランス語はアンケート（enquête）である。アンケートは学校でも頻繁に使われる。教師が児童生徒の生活習慣などについて尋ねるアンケートや、保護者からの意見を求めるためのアンケート、教員間でのアンケート調査もある。文科省や教育委員会から学校に依頼されるアンケートもある。さらには、児童生徒たちもクラス活動でのイベントを何にするかなどのアンケートを自分たちで作って使っている。（日本人に知られているフランス語のベスト5は、「オードブル」、「アンコール」、「カフェオレ」、「クレヨン」、とこの「アンケート」じゃないかと思う。）

図3-1　航空便用封筒

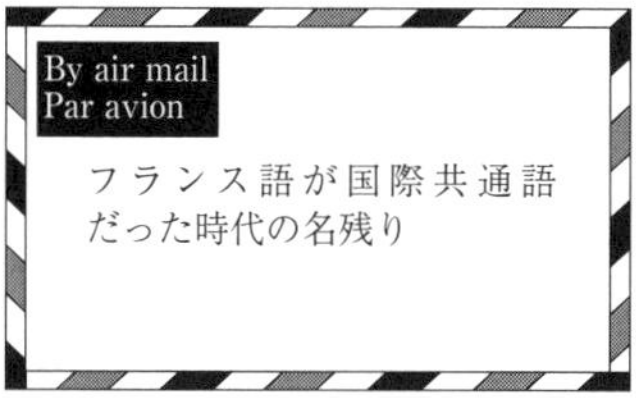
By air mail
Par avion
フランス語が国際共通語
だった時代の名残り

　このように日常的に誰もが手軽に活用しているアンケートは、心理学者や社会学者などの研究者が研究手法としても活用している。ただし、研究者は「質問紙調査」という日本語を使うことが多い。ちなみに、英語ではquestionnaireという。たとえば、心理学の領域でよく使われる性格検査などの多くも、質問紙を使ったものである。質問紙調査は、面接して口頭で尋ねる事柄を印刷して回答者に渡し、筆記回答してもらうものと考えることができる。面接と違って、同時に何人でも実施できるということが最大の利点である。

2 アンケート調査の問題点：回答者が嘘をつく

アンケートは誰にでも簡単に作れ、実施も容易で、使い勝手の良いものであるが、決定的な難点がある。それは、回答者が嘘をつく可能性があることである。これはアンケートだけでなく、面接法にも共通する問題点であるが、直接に顔を合わせて質問する面接なら、回答者の表情や動作、声のトーンなどいろいろな情報から嘘を見破ることができるだろうし、疑問点をさらに尋ねるなどの臨機応変の対応によって、真実を引き出すことがある程度は可能であろう。しかし、アンケートでは回答者の顔色を見ることさえできない。不自然な回答がなされても、それを糺《ただ》すような質問が用意されているわけではない。アンケート調査は、基本的に回答者が嘘をつかないことを暗黙の前提にしているだけであって、回答者が嘘をつこうとすれば、いくらでも嘘がつけるやり方なのである。

いじめが起こった際に学校が行なう生徒たちへのアンケートなどでは、回答しにくいことが含まれるため、回答者が正直に答えてくれることを期待して匿名で回答するような措置が取られる。しかし、匿名にしたからといって、嘘をつかなくなるわけではない。学校のように、普段から生徒が教師に作文やノートなどを提出している状況では、筆跡や文章の特徴から誰が書いたのかが教師にはわかるだろうし、生徒もそのことを知っている。匿名にすることで、生徒が本当のことを答えてくれるのではないかと考えるのは、あまりに安直であると言わざるをえない。

最近は大学でも学期の終了ごとに「授業アンケート」によって、授業担当講師の教え方などの評価や授業改善希望事項などを調べるのが当たり前になった。こうした授業アンケートも匿名でなされるが、著者の前任大学では自由記述欄をそのまま電子的にスキャンしたものが講師に送られていた。学生による教員の評価がずっと以前から行なわれていて、しかも、それが教員の雇用や待遇にまで影響するアメリカの大学では、自由記述されたものは第三者がタイプ打ちして筆跡をわからなくしてから教員にフィードバックされるのが普通である。ただ、そこまでやったとしても、受講生が一人きりの授業では匿名にしても意味がないし、少人数なら誰が書いたかはわかるものだ。そして、学生にもそのことがわからないはずがない。

(1) 嘘を見破る工夫

心理学研究者は、性格検査や社会的な態度測定など、いろいろな研究分野で質問紙を用いてきた。こうした研究に使う質問紙も、実質的にはアンケートと同じものである。心理学研究者は回答者がこうした質問紙に嘘の回答をする可能性に早くから気づいていた。そこで、性格検査や、社会的態度測定のための質問紙調査に回答者が嘘の回答をしていることを見破ることができるような工夫をしてきた。

そうした工夫のうち、よく知られているものに「嘘尺度」というものがある。これは、「母親には感謝している」「ときには嘘をつくこともある」「他人を羨ましく思ったことは一度もない」などのように、誰もが「はい」（3番目は「いいえ」）と答えることが当然であるような質問を、質問紙の中に混ぜておき、こうした「嘘尺度」に正しく回答していない場合には、他の質問項目も正直に答えていないだろうと判断するのである。

「嘘を見破る」というと、「嘘発見器」を考える読者が多いと思うが、アンケート調査にいわゆる「嘘発見器」は使えない。警察などが使う「嘘発見器」というのは、心拍数や皮膚の発汗など人が嘘をついた場合に特徴的な生理学的変化を多面的に計測する機器を数種類組み合わせたものの通称で、正式にはポリグラフ（「ポリ」はたくさんのという意味、「グラフ」は計測結果の図示の意味）と呼ばれ、多数の人にアンケートと同時に実施できるようなものではない。

(2) 嘘をつかせない工夫

「嘘尺度」を使って「嘘を見破る」ことができたとしても、質問紙への回答が信用できないものであることがわかるだけであって、その特定のデータを調査から取り除いてしまうという対抗策がとれるというだけのことである。言い換えれば、「嘘尺度」を使っても、「嘘を見破ること」ができるだけで、「嘘をつかせないこと」ができるわけではない。

そこで、心理学などの研究では、質問紙法以外の方法がいろいろ考案されてきた。心理学科の学生が、心理検査法の初歩として学ぶのは、「質問紙法」「作業法」「投影法」という3分類であり、そのうちの「作業法」と「投影法」は嘘がつけない検査法であるとされてきた。「作業法」というのは、検査を受ける人にいろいろな作業をさせて、その作業の遂行パターンから、その人の性格や特性を検出しようとするものである。一番よく知られているものとして「内田クレペリン検査」がある。

「内田クレペリン検査」は、一桁の数字が並んだ用紙を用いて、前後の数字の和をできるだけ速く計算する作業をさせる検査である。計算は行ごとに1分間ずつ行なわせ、計算できる量がどのように変化するかのパターンから、被検査者の性格や特性をみるものである。この検査は、1940年代から使われだしたもので、今も公務員試験などに活用されているようだが、一桁の数字の計算で何がわかるかというと、そうした単純作業をどれだけ安定してやれるかということにすぎない。この検査がどれだけ有効なものかについては村上宣寛（2008）『心理テストはウソでした』をぜひご覧いただきたい。

「投影法」の代表的なものは「ロールシャッハテスト」と呼ばれるものである。実際に見たことがない人でも、「インクのしみを垂らした図形を見せて、それが何に見えるかを通して、その人の心理を探る検査」と言えば思い当たるだろう。「ロールシャッハテスト」はスイスの精神科医ロールシャッハが作った検査法であり、現在も精神科などで活用されている。しかし、この検査の信憑性にも重大な疑義がもたれている。アメリカの科学的臨床心理学者ウッドら[★1]（2003）は、ロールシャッハテストが科学的な妥当性のないものだということを明らかにした本を出版している。（この本は世界中で広く読まれ、日本でも『ロールシャッハテストはまちがっている――科学からの異議』という翻訳書が２００６年に出版された。）

代表的なものがそれぞれ科学的でないということだけで、「作業法」や「投影法」のすべてを否定してしまうことは適切でないかもしれないが、少なくとも、嘘をつかせない検査法として、質問紙（アンケート）の代わりに使えるような心理検査法がないことは事実である。もしそんな検査法があるのだったら、１９４０年代に作られた「内田クレペリン検査」が今も使われているはずがない。「ロールシャッハテスト」の標準的な実施手続きエクスナー法が確立されたのも、１９８０年代である。また、アンケートの作成方法や実施方法を工夫す

図3-2 内田クレペリン検査用紙

検査のタイトルは左上にあり、右側に練習用の数字が並んでいるが、実際の検査時は用紙を前後ひっくり返して行なう。あらかじめ検査用の数字を見せないためである。

るだけで嘘をつかせないようにするような手法も確立されてはいない。

(3) 善意の嘘

「アンケートに嘘を書いたことはない」と考えている人も、以下のような場合にどんな回答をしていただろうか。教育講演会を聞きにいったら、講演の後にアンケート用紙が配られ、「今回の講演会は満足の行くものだったでしょうか」という質問があったとしよう。そして、回答の選択肢は「5：大変満足した　4：満足した　3：まあまあだった　2：満足しなかった　1：全然満足しなかった」というものだった。こんな場合、よほどの酷い講演でないかぎりは、5か4を選んだのではないだろうか。講演会の企画や準備をした人は苦労しただろうし、労いもこめて、ちょっと褒めてやるのが社会的な礼儀でもあるからだ。知り合いが新しい服を買って着てきたときに、似合わないと思っても、面と向かってそうは言わないのと同様である。

こうした嘘は「善意の嘘」と言われる。しかし、嘘であることに変わりはない。人はみな、自分が「いい人でありたい」と考えているものだ。そして、「いい人ならこう行動するだろう」「いい人ならこう回答するだろう」という方向に、知らず識らずのうちに自分の回答を美化させてしまうのである。選挙の前に、街で「今度の選挙、投票に行きますか」というアンケートをすると、「投票に行く」という回答は実際の投票率よりもずっと多くなる。もちろん、アンケートを受けた時点では本当に行くつもりだったのが、選挙当日までに事情で行けなくなった可能性もあるだろう。しかし、それ以上に「〝投票に行く〟と答える方が社会人として望ましい」と考えてこう答えた可能性の方が大きい。何もあえて自分が悪い人であることを装う必要はない。人はたいてい「社会的に望ましい」と思われるような回答をしがちなのである。

ここまでをまとめると、アンケート調査は手軽に実施できるという利点があるものの、回答者がちゃんと正直に答えてくれない限り、調査結果は意味のないものになってしまうという問題点もあるということである。匿名で回答させたり、正直に答えてくれるようお願いしたりすることで、回答者の善意に期待して使っているだけなのである。さらには、善意の回答者はその善意ゆえに回答を歪ませたりすることもあるのだから困ったものだ。

3 アンケート調査の問題点：意識と無意識

アンケートには、もっと根源的で、もっと厄介なもう一つの問題点がある。それはアンケートでは回答者の意識的な回答しか調べられないということである。私たちは自分自身がどのように考え、どのように行動しているかを自覚していると考えている。そうした自覚を「意識」と呼ぶ。たとえば、お昼に何を食べようか考え、食堂でいくつかのメニューの中から一番気に入ったものを選んで、注文したつもりでいる。しかし、そうした行為の背景に「朝、家を出る前にテレビで見た料理」が無意識のうちに頭の中に残っていて、それがメニューの選択に影響していたのかもしれない。こうしたこと以外でも、私たちの多くが普段から「無意識に何かをした」とか「無意識のうちにそう考えていた」といった表現をよく使っている。自分の心の中に、自分が自覚できるような部分と、自分が自覚できないような部分があることに多くの人が気づいているのである。

もし、人が何かを無意識にしてしまうことがあるのだとすれば、その人は「なぜそんなことをしたのか」自分でもわからないことになる。逆に言えば、自分でも説明できないことを自分がしてしまったときに「無意識にやった」と人は考えるわけである。だとすれば、そうした無意識にしたことについて、アンケートに答えてもらおうとしても無理だということになる。

問題はさらに複雑になる。「無意識にそうした」ということが意識できているなら、まだマシかもしれない。「無意識にそうした」ことさえ意識できていない場合や、「意識的に何かをしたつもり」にもかかわらず、実は「無意識にそれをしていた」という場合も考えられるからである。「無意識にそうしたこと」が意識できているのなら、アンケートにそう正しく回答できるが、後者のような場合には、正しくないことを回答してしまうことになる。回答者自身でさえ、正しく回答したかどうかわからないような回答が正しいかどうかについてアンケート調査をした研究者がわかるはずがない。つまり、無意識が関わるような事柄について、アンケート調査はまったく無力なのである。

「そうは言っても、無意識が関わるようなことは特別な状況の場合だけだろう。現に、日常生活のほとんどのことはこの私が意識的に決めていて、無意識なんかの影響は受けているとは思えない」と考えるかもしれない。もし、本当にそう考えるのなら、もう一度「無意識とは何か」について考えてみてほしい。

図3-3 意識と無意識の氷山モデル

(1) フロイトの無意識とヘルムホルツの無意識

無意識というと、フロイトの氷山モデルが有名である。意識できる部分は氷山の海上に見えるところで、水面下にははるかに大きな無意識の塊が隠れている。人は、意識の中に置いておくと不都合なことや思い出したくない過去の辛い経験を無意識の中に押し込めてしまっている。フロイトは、そうした抑圧されたものが無意識の中でうごめいて精神の不調を引き起こすのだというモデルを提唱した。以下でも述べるが、こうした考えは、お話としてはおもしろいが、科学的に検証されているわけではない。

実は、前の節で述べた「無意識に何かをしてしまう」という場合の「無意識」は、フロイトが言うような、抑圧された忌まわしい記憶を閉じ込めておくところのことではない。私たちはいろいろな活動をしているが、そのほとんどが「自動的に」なされていて、その活動を「自覚できている」わけでもなければ、「自覚的にコントロールしている」わけでもない。「無意識に」何かをしてしまうというのは、自覚的なコントロールなしに「自動的に」何かをしてしまうということである。たとえば、私たちは心臓を自覚的にコントロールしているわけではない。呼吸はある程度コントロールできるような気がするが、息を止められる限度はあるし、普段ほとんど呼吸について意識することはない。私たちの意識の働きを生み出している脳の活動もすべて自動的になされていて、意識的にコントロールすることはできない。そもそも、脳の自動的な活動によって、私たちの意識が生み出されているのである。

こうした意識の根底にあるような「意識できない自動的なプロセス」も「無意識」と呼ばれる。自動的なプロセスとしての無意識は、「ヘルムホルツの無意識」と呼ばれることもある。ヘルムホルツ（Hermann von Helmholtz [1821-1894]）はドイツの生理学者・物理学者で、視覚の生理学的メカニズムを研究する中で、物事を見るという行為のほとんどが無意識的に（自動的に）起こっていることを見出した。視覚だけでなく、聴覚も、嗅覚も、すべての知覚が自動的になされ、私たちの意識に上るのは、そうした無意識的な自動的メカニズムの最終結果だけである。

意識的な行為の根底に、無意識的な自動化されたメカニズムがあるのは、外界の知覚だけではない。歩いたり走ったりする運動も、何かを考えたり、記憶したり、思い出したり、判断したりといった認知的活動も同様である。

私たちの意識的活動は「無意識に影響を受けている」どころの話ではない。私たちの意識は、自動的な無意識的メカニズムの産物なのである。「フロイトの無意識」とは違って、こうした自動化されたメカニズムとしての無意識は科学的に検証されている。そもそも大脳生理学や脳神経科学は、脳の無意識的活動を科学的に研究する学問分野である。無意識と意識との関わりについても、認知神経科学者や認知心理学者が様々な実験によって、種々の現象を明らかにしてきている。

それでも、脳の無意識的なプロセスによって、意識がどう生み出されるのかはまだよくわかっていない。意識的に自分の心を探ろうとすると、意識できない「無意識の闇」があるように感じられるが、科学的に研究する立場からは、機械的・自動的なプロセスはわかっても、そこからどう意識が生ずるのかという「意識の謎」の方が大問題なのである。

(2) ロールシャッハテストの限界

実は、嘘をつかせない工夫のところで紹介した「投影法」という検査方法は、むしろ「フロイトの無意識」を探るための方法として期待された方法だった。スイスで考案されたロールシャッハテストがアメリカに紹介され、短期間でアメリカ全体に広まった背景には、同じ時期にフロイトの精神分析理論がアメリカに紹介され広まっていたことがあった。フロイトが主張するように、人の心の大半を無意識が占めているのだとすれば、心理学者や精神科医は、その無意識こそを研究の対象とすべきであることになるからだ。そして、心理学者や精神科医が活用してきた面談やアンケート（質問紙検査）は、結局のところ「患者に質問して回答させる」ということなのであり、無意識の研究には使えないものだった。

フロイトは、意識と無意識をつなぐものの一つとして「夢」を考え、夢を通して患者の無意識を探る方法などを提案した。しかし、夢を分析することは、記述的で解釈的であって、科学的とは言えないものだった。フロイトの精神分析理論は、科学的ではないとしても、人々の興味を引きつける面白いものだったため、文学や芸術などにも大きな影響を与えてきた。フロイトの理論が、科学的な根拠のない荒唐無稽なものであるにもかかわらず、根強い人気があり、何度も再評価されてきているのには、それなりの真理が含まれているからなのかもしれない。それでも、科学的でないことを受け入れてしまったのでは、「教育の科学化」もできなくなってしまう。教育の世界でも、多くの人に認められているような教授法があり、それはそれなりに真理を含んだものだからなのだろうが、そうした教授法が本当に効果があるのかどうかは、あくまでも科学的に検証してみるべきなのである。

そうした中で、ロールシャッハテストは、標準的な採点手続きが決められていて、検査結果が数値で表されるなど、「科学的」な雰囲気がある検査方法だった。そこで、無意識を探ることができる唯一の科学的方法として活用が広がっていった。しかし、前述のウッドらの本が明らかにしたように、「科学的」なのは雰囲気だけであって、その検査法としての厳密な検証を行なってみると、まったく科学的とは言えないものだったのである。心理テストなどの種々の検査方法の検証手続きについては、著者らが開発した「集団式簡易潜在連想テスト（ＦＵＭＩＥテスト）」の開発の章（第5章）で、もう少し詳しく説明する。

4 国際学力調査のアンケート結果も正しいとは限らない

第2章で紹介したように、国際的な学力調査で明らかにされてきた日本の子どもたちの特徴は「数学の成績がいいのに、数学を嫌っている」ということであった。こうした特徴は、日本以外の世界の数学教育関係者から不思議に思われてきた。普通に考えれば、得意なことは好きなことであり、好きなことは得意であるのが常だからである。

ここで、日本の子どもたちが嘘をついていると考えたらどうだろうか。いくら嘘をついても、数学の成績を上げることはできない。嘘がつけるのは「数学が好きか嫌いか」を尋ねるアンケートに対してである。そして、上述のように、アンケートは嘘に対してまったく無防備なのである。さらには、日本の子どもたちが「意図的に嘘をついているわけではない」可能性もある。子どもたちは、自分でも自覚できないような「もやもやとした感情」を数学に対して持っていて、そうした感情はアンケートには「嫌い」としてしか回答のしようのないものなのかもしれない。その結果、子どもたちは「無意識のうちに嘘をついている」のかもしれないのだ。

この章で論じてきたように、こうした現象を解明するためにはアンケート調査は無力である。では、どうすればいいのか。嘘がつけないような、さらには、本人も自覚できないような意識の奥深くを探ることができるような調査方法が必要である。心理学者はそうした方法として、作業法（「内田クレペリン検査」）や投影法（「ロールシャッハテスト」）を考案してきた。しかし、そうした検査方法は、どれも科学的と言えるものではなかった。

次の章では、潜在意識を探ることができ、それゆえ嘘もつけない検査方法であり、なおかつ、科学的な方法として世界中で爆発的に活用されるようになった「潜在連想テスト（Implicit Association Test: IAT）」について紹介することにしたい。

第4章

潜在連想構造を探る新しい検査法

――こころのX線検査

アンケート調査の限界は、人種差別問題などを研究テーマとする社会心理学の領域では極めて重大である。そこで、アメリカの社会心理学者グリーンワルドらは認知心理学で研究されてきたプライミング効果を活用した新しい心理検査法として「潜在連想テスト（IAT: Implicit Association Test）」を開発した。本章では、社会心理学の分野において世界中で広く使われている潜在連想テストについて紹介する。

1 潜在意識の科学的研究：プライミング効果

「ピザって10回言ってみて」

「ピザピザピザピザピザピザピザピザピザピザ」

（相手の肘《ひじ》を指差して）「ここはなに？」

「ひざ」

「あ、ひっかかった。ここは肘《ひじ》でーす。」

こんな遊びが数年前に流行ったことがあった。では、どうしてこんな言い間違いをしてし

図4-1 プライミング効果の例

まうのだろうか？　認知心理学者はこうした現象に1970年代から気づいていて、プライミング効果（Priming effects）と呼んで、いろいろな実験によってその存在を確認してきた。プライミング効果のプライム（prime）とは「先行する」という意味であり、私たちの認知（物事を知ったり、記憶したり、言葉を使ったりすること）の働きが「先行する情報に影響を受ける現象」をプライミング効果と名づけたのである。

2 知識ネットワークモデルと潜在的認知プロセス

では、なぜプライミング効果が起こるのか？　認知心理学では、私たちの頭の中には複雑な知識のネットワークがあり、すべての言葉（概念）がそれぞれに結びつき合っていると考えられている。鉄道のネットワークやインターネットのように、頭の中の知識ネットワークも、ノード（結び目：駅やコンピュータのようなもの）とリンク（結びつき：線路や配線ケーブルのようなもの）できていると考えられているわけだ。人が鉄道を使って、駅に行き、そこで乗り換えて別の鉄道で移動するように、脳の中でいろいろな情報がこのネットワークを伝わっていく。多くの人が行き来する駅もあれば、めったに人が来ない駅もあるように、頭の中のノードも忙しいものと暇なものがある。「忙しいノード」とは頻繁に思い出したり、言葉として使ったりするものだ。反対に、「暇なノード」はそんなノードがあったことさえ忘れてしまっているような、めったに思い出すことがないようなものだと考えればよい。

こうした知識ネットワークを想定すると、私たちの認知の仕組みやそれに関わる現象がわかりやすくなる。たとえば、新しい知識を獲得することは、新しくノードができることや、今まで結びついていなかったノードの間に新しいリンクができることと考えることができる。さらに、私たちが物事について意識しているということは、その物事に対応する頭の中のノードが「活性化」されている状態なのだと考えることにする。こう考えると、連想することは、一つのノードの活性化がリンクを通して別のノードへ伝わることになる。一度覚えたことを思い出すのも、頭の中のそのノードを活性化させることである。逆に、覚えたのに思い出せないという現象は、そのノードを活性化できないことに相当する。このことは、私たちが何かを思い出せない場合にも、それが頭の中から消えてしまったわけではないことの説明にもなる。忘れたと思ったことが、何かの拍子に思い出せたりするのも、活性化できなかったノードが何かのきっかけで活性化されたと考えるわけである。

こうした知識ネットワークモデルは教育にも大きな示唆を与えてくれる。たとえば、新しい知識を獲得することは、頭の中のコップに水を注ぐようなことではなく、すでにある知識ネットワークに新しいノードやリンクを作ることなのだから、どんなに知識を増やしてもコップから溢れる心配はない。むしろ、知識は増えれば増えるほど、新しい知識が獲得しやすくなる。ここまでの説明も、鉄道のネットワークやインターネットの知識がある人にはよくわかり、すぐに新しい知識となって、その人の頭の中の知識のネットワークが拡大し密度も高まることになったであろう。しかし、同じ説明でも、鉄道のネットワークやインターネットを知らない人にとっては、何のことかわからず、知識が増えることにはならないかもしれない。

さて、ここまでは知識ネットワークのノードが「活性化している」か「していないか」だけを考えてきた。ここで、活性化がいろいろな度合いで起こると考えることにしよう。たとえば、すべてのノードが活性度1・5とか活性度0・2とかになっていると考える。そして、活性度が1・0を越えると、意識に上るのだと考えると、同じように思い出せないノードであっても、もう少しで思い出せる場合（活性度0・9）となかなか思い出せそうにない場合（活性度0・2）など、いろいろな段階があることの説明もできるようになる。さらに一歩進んで、こうした活性化の程度がリンクを伝わると同時に、それぞれのリンクから伝わった活性度が加算されると考えることにする。新宿駅が混むのは、乗り入れているいろいろな路線から多くの乗客が集まってくるからである。同様に、多くのリンクから活性度が伝わってくるノードは活性度がどんどん高まることになる。

活性化が不足（活性度0・7）していて思い出せなかったノードにも、リンクを通して0・3の活性度が伝わってくれれば、0・7＋0・3＝1・0となって、活性化されたノードになる。プライミング効果を研究してきた認知心理学者は、こうした活性度の加算が起こっていることを種々の現象によって明らかにしてきた。たとえば、特殊なディスプレイに単語を一瞬だけ提示して、何という単語だったかを読ませる課題において、提示する時間をだんだん短くしていくと、何が提示されたのかがわからなくなってしまう限界の時間があることがわかる。これより、短い時間では「提示されても読めない」ようになるのである。しかし、読めないと思っていても、目から脳へ情報は伝わっている。ただ、その情報の「強さ」が足りないので、その単語に該当するノードが活性化されないのである。ところが、あらかじめノードの活性度を高めておくと、読めなかったはずのものが読めるようになる。たとえば、一瞬すぎて読めなかった「きつね」という単語が、あらかじめ「たぬき」という単語を読んでおくと、あら不思議、読めるようになるのである。これを活性度の加算で説明するとこうなる。活性度0・0だった「きつね」ノードは、一瞬「きつね」を見るだけでは、0・7しか活性度が高まらないので、読むことができない。しかし、あらかじめ「たぬき」ノードから0・3の活性度が伝わってきていれば、プラス0・7だけで1・0に達するので読めるのである。

プライミング効果は、認知心理学者たちによって、いろいろな課題やいろいろなプライムで確認されてきている。プライミング効果の研究が示した最も重要なことは、私たちの認知の仕組みには、意識に上らない「潜在的なプロセス」があるということであった。認知心理学の研究によって、プライミング効果だけでなく、覚えたつもりでないことを記憶していたり（潜在記憶）、意識的に判断したつもりのことが潜在意識に左右されていたり（潜在的意思決定）、といった現象が次々と明らかにされてきた。もう20年以上も前に出版された本だが、下條信輔（1996）『サブリミナル・マインド：潜在的人間観のゆくえ』（中公新書）が今もこの領域の入門書として最適だと思う。

図4-2 下條信輔（1996）『サブリミナル・マインド』

3 潜在的社会的態度測定のための潜在連想テストの開発

アメリカの社会心理学グリーンワルドとバナージは、人々の社会的態度にも潜在的な影響があると考えた。[★1] 社会的態度というのは、人々が社会のいろいろな事柄に対して、どのような考えを持っているか、ということである。たとえば、男女の役割についてどう考えるかや、社会における公平さ、政治的イデオロギー、結婚観、移民政策、道徳観など、現代社会におけるほとんどすべての問題が含まれる。

社会的態度の研究に使われてきたのは、種々の社会調査である。こうした社会調査には、大手の新聞社などが実施する世論調査や、企業が商品の開発・改善などのために消費者の態度を調べる市場調査がある。社会心理学者もまた、特定の研究課題に焦点をあてて、小規模な調査を数多く実施してきている。調査は、面接によって直接に回答を求めるものや、電話によるもの、郵便やインターネットを利用したものなど、その目的や規模によっていろいろであるが、結局のところ「質問して回答を得る」という方法である。つまり、アンケートと同じである。

グリーンワルドとバナージは、認知心理学における「潜在的人間観」が正しいとすれば、人々の社会的態度にも潜在的なプロセスが大きな影響を与えているはずであり、意識的な回答を求める従来の調査方法では、そうした潜在的な部分が調べられないことに気づいた。たとえば、市場調査において、消費者に「なぜそのシャンプーを選んだのか」を尋ねて、回答を求めたとしても、その消費者自身がなぜそのシャンプーを選んだのかを自覚していないかもしれない。「洗うときの泡立ちが良いから」と回答していたとしても、潜在的には、「テレビCMに出ているタレントに好感を持っていること」が、商品を選ぶときに大きく影響していたのかもしれないからである。もしそうならば、市場調査に基づいて、さらに泡立ちを良く改良しても、テレビCMのタレントが代わったら、売り上げが減ってしまうことになりかねない。

(1) 潜在的プロセスを反応時間で探る

そこで、グリーンワルドらは、従来の質問紙調査では測れないような、潜在的なプロセスを測れるような新しい調査方法「潜在連想テスト（Implicit Association Test: IAT）」を開発した。★2 グリーンワルドらが使ったのは、認知心理学者がプライミング効果などの研究に活用してきた「反応時間を測定する」という方法だった。知識ネットワークモデルを思い出していただきたい。このネットワークでノードとノードの間のリンクを伝わる活性度は潜在的なプロセスであるために、直接に調べることができない。しかし、活性度の伝わる速さが、リンクの結びつきが強いほど速いことや、経由するノード・リンクが多いほど時間がかかることを仮定すると、あるノードが活性化されたとき、別のノードも活性化されるのにかかる時間には違いが生じるはずである。日本の鉄道網を知らない外国人でも、東京から松本までが3時間なのに対し、東京－長野は1時間半しかかからないことを知れば、両都市の結びつきの強さが推測できるだろう。つまり、時間を測ればいいのである。

グリーンワルドらが用いた方法は、2つの課題を組み合わせるというものだった。まず、第1の課題として、単語の意味の良し悪しを判断する課題をさせる。これは、パソコンの画面に「平和」「戦争」「成功」「失敗」などの単語を提示し、その単語が良い意味のものなら右手で「P」のキーを、悪い意味のものなら左手で「Q」のキーをすばやく押すように指示する。そして、単語が提示されてからキーが押されるまでの時間をミリセカンド単位で計測するのである。

次に、測定しようとする社会的態度に関わる第2の課題を用意する。たとえば人種差別について調べるのだとすれば、画面に「黒人」か「白人」かの写真を提示し、できるだけ早く「黒人ならPのキー」「白人ならQのキー」を押すように指示する。そして、この課題でも提示から反応までの時間をミリセカンド単位で計測する。

図4-3 潜在連想テストの画面の例

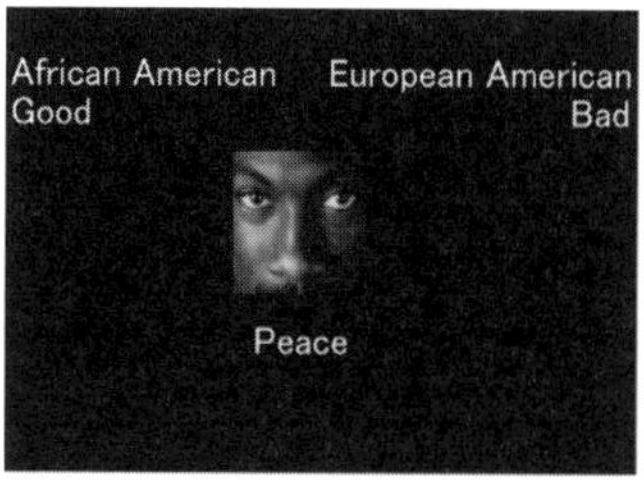

中央には顔写真と「Peace（平和）」の単語が示されているが、実際のテストではどちらか一方のみが提示される。この課題では、黒人（画面ではAfrican American となっている）と良い意味の言葉（Good）なら「Q」のキーで反応するように指示されている。

（2）反応時間の差に表れる潜在連想構造

これら2つの課題を単独でやるだけでは、単に課題ごとの反応時間がわかるだけだが、ここで2つの課題を組み合わせて、交互に「単語」か「写真」を提示し、それぞれ指示にしたがって「P」か「Q」かのキーをすばやく押すようにさせる。このとき、2つの課題の組み合わせは以下の4通りできることになる。

①「良い意味の単語ならP（悪い意味の単語ならQ）」
　×「黒人ならP（白人ならQ）」
②「良い意味の単語ならP（悪い意味の単語ならQ）」
　×「黒人ならQ（白人ならP）」
③「良い意味の単語ならQ（悪い意味の単語ならP）」
　×「黒人ならP（白人ならQ）」
④「良い意味の単語ならQ（悪い意味の単語ならP）」
　×「黒人ならQ（白人ならP）」

これらのうち、①と④では「黒人と良い意味」が同じキーに割り当てられており、②と③では「白人と良い意味」が同じキーに割り当てられていることに注意してもらいたい。さて、どの組み合わせが一番反応時間の平均が短くなるだろうか。あるいは、基本的に2つの課題は同じものなのだから、組み合わせても反応時間に差はないであろうか。

グリーンワルドらは、白人の被験者にこうした課題をさせると①と④の組み合わせの時よりも、②と③の組み合わせの時の方が反応時間の平均が100－200ミリセカンド速くなることを見出した。そして、こう考えた。「潜在意識において、白人と良い意味とが強く結びついている人は、それらが同じキーに割り当てられている場合の方が判断時間が速くなることがわかった。ということは、このテストでどちらの組み合わせの方が速くできるかを調べることで、その人の潜在意識の中で、白人と黒人のどちらが良い意味と強く結びついているかがわかるのではないだろうか。」

グリーンワルドらは、この2つの分類課題の組み合わせをいろいろな状況で試してみることによって、課題の組み合わせの違いによる反応時間の差が、分類させる課題に関わるカテゴリー（人種、国籍、民族、性別など）の潜在的態度の指標として有効であることを確認した。そして、この手法に「潜在連想テスト（IAT: Implicit Association Test）」と名づけ、1998年に社会心理学の最も権威ある学術誌に発表したのだった。今までのアンケートでは調べることのできなかった「隠された心」の中を映し出す「こころのX線検査」ともいうべき検査方法が誕生したのである。

4 潜在連想テストの活用の広がりと発展

潜在連想テストは、検査を受ける人の潜在的な連想構造がどうなっているかを探ることができるものである。このテストを用いれば、本人にも意識できていないことの測定が可能となる。さらには、このテストのもう一つの利点として、回答者が嘘をつくことも防ぐことができる。というよりも、言葉で回答するわけではないため、意識的に嘘をつくことができないのである。つまり、この潜在連想テストは、アンケート調査が持つ2つの問題点、①回答者が嘘をつくこと、②回答者は意識できないことに回答できないこと、の両方を解決するものであった。

グリーンワルドが2004年に日本社会心理学会で潜在連想テストについて講演をした際に、質問をしてみたことがある。それは、スパイが特殊な訓練をすることで潜在連想テストを欺くことはできるだろうかという質問だった。たとえば、ロシアのスパイがアメリカ人になりすまして情報活動をしているとする。言葉の訛りは特別な訓練で矯正できるので、ロシアのスパイは完璧な英語を喋れる。しかし、「ロシア」と「アメリカ」をターゲットとした潜在連想テストでは、「ロシア」と良い意味を同じキーにした課題の方が速くできてしまうのではないだろうか。そうならないような訓練が可能かどうかをグリーンワルドに尋ねてみたわけだ。博士の答えは、おそらくどんなに訓練しても潜在連想テストを欺くことはできないだろうというものだった。

その後、アメリカではロシアとの対立よりもテロリストとの「見えない戦争」が重大問題となった。そこで、潜在連想テストをテロリストの検出に使えないかの研究がなされるようになった。潜在連想テストを入国管理の際に「嘘発見器」として使おうというわけだ。従来の嘘発見器は、心拍数や発汗反応などの生理学的反応から嘘を見破るものである。そのため、多くの装置を使うことになる。これに対し、潜在連想テストならパソコンだけで検査ができる。検査対象となる人物の自伝的記憶について、ＹｅｓかＮｏかのキー押しをさせ、その反応時間の差から嘘を検出する方法がとられる。グリーンワルドは２００４年には自信満々だったが、２００９年に潜在連想テストによる嘘検出の有効性を調べた研究[★3]では、有効ではあるものの、期待されたほどに高い嘘検出率ではなかったことが報告されている。

潜在連想テストは潜在的な社会的態度の測定技法として開発されたものであるが、開発後の早い段階から、臨床心理学への応用も考えられていた。それは、このテストによって、自

図4-4 プロジェクト・インプリシットの日本語ページ

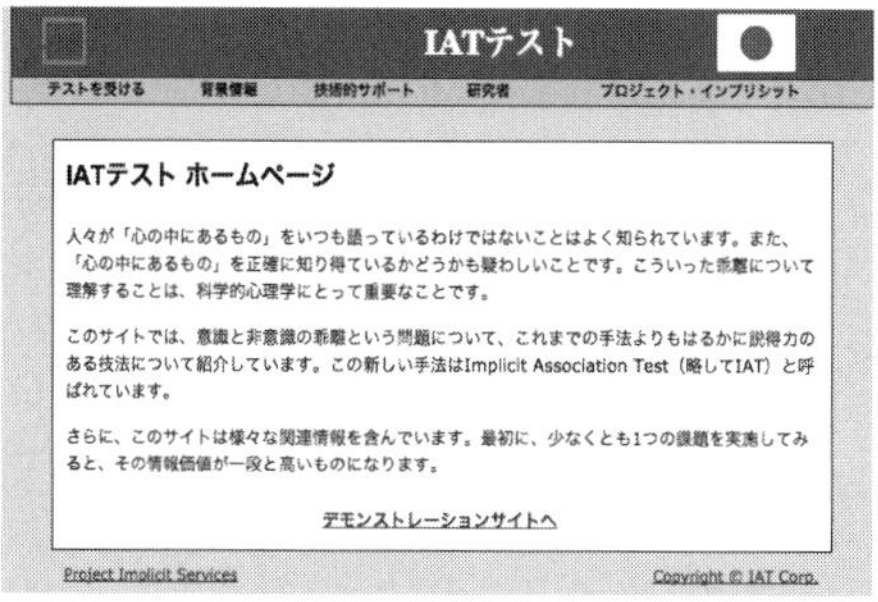

己と他者についての潜在的態度も測定できるからである。

精神的に健康な人は、高い自尊心を持ち、自分自身を肯定的に捉えている。一方、精神的に悩んでいる人の多くが、自己嫌悪や極端な自尊心の低下を起こしている。そして、それに自分自身が気づいていないことも多い。そこで、潜在連想テストを使って、潜在連想構造の中で「自己」と「他者」のどちらをより肯定的に位置づけているかを調べることで、こころの健康診断もできることになる。★4

(1) プロジェクト・インプリシット

潜在連想テストは、その最初のバージョンが1998年にアメリカの権威ある社会心理学学術誌『性格社会心理学研究誌（*Journal of Personality and Social Psychology*）』に公刊されて以来、瞬く間に社会心理学における標準的な潜在態度測定手法としての地位を確立した。この1998年の論文の被引用件数は2017年11月現在9266件である。これは世界で1万件近い論文がこの論文を引用しているということだ。ノーベル賞を受賞した京都大学の山中先生のiPS細胞に関する論文[★5]は1万8000件の被引用件数でこの2倍近いが、医学生理学分野は論文総数が心理学分野の20倍以上であることを考えると、グリーンワルドらの論文の重要度はノーベル賞クラスに匹敵する。

開発の中心となったグリーンワルドらは、その後も潜在連想テストの改良を重ねてきた。共同研究者のノゼックらと開発後7年間の総まとめをした論文[★6]でも、潜在連想テストが短期間で確固たる地位を確立したことが述べられている。また、これらの3人が中心になって、国際的な潜在連想テスト普及プロジェクトも開始され、世界38カ国の研究者が参画している（https://implicit.harvard.edu/implicit/）。日本では、フェリス女学院大学の潮村公弘教授がプロジェクトメンバーになっていて、この「プロジェクト・インプリシット」の日本語のページ（https://implicit.harvard.edu/implicit/japan/）を管理している。

（2）単一の測定対象のための潜在連想テスト

潜在連想テストが最初に登場した際には、測定しようとする態度に関わる用語が対で用いられていた。図4-3の例示でも、黒人に対する潜在的態度を調べるために、「黒人」「白人」の対が用いられていた。それは、潜在連想テストの基本的課題が、単語や写真を2つのグループに分類するものだったからである。しかし、「黒人」「白人」との間に反応時間の差が見つかったとしても、それは潜在的に一方をもう一方より良い（あるいは悪い）と捉えていることがわかるだけである。たとえば、日本人に潜在連想テストで「黒人」「白人」の分類をさせた場合に、「白人」と「良い」を同じキーに割り当てる場合の方が反応時間が速くなるとしよう。しかし、これは日本人が「白人に対して良いイメージを持っているから」だろうか、それとも「黒人に対して悪いイメージを持っているから」だろうか。話をわかりやすくするために、潜在イメージを得点で表し、良いイメージを持っているほどプラスに、悪いイメージならマイナスになるようにして考えよう。そして、この架空の潜在イメージ得点が「白人をより好ましいとする方向」に3点分あったとしよう。この得点差は、両者がプラスであった場合（白人+5、黒人+2）にも、両者がマイナスだった場合（白人-1、黒人-4）にも、両者がプラスとマイナスに別れた場合（白人+2、黒人-1）にも起こりうることである。言い換えれば、両者の差がわかるだけでは、それぞれに対する潜在的態度そのものはわからないことになる。

別の難点もある。潜在連想テストで中学生の教科に対する潜在的態度（潜在的な好き嫌い）を調べたいとする。主要5教科だけについて調べるとしても、教科間の比較のためには、国－数、国－社、国－理、国－英、数－社、数－理、数－英、……とすべての組み合わせについて潜在連想テストを実施しなければならない。逆に、比較するものがないような場合もある。「神」に対する潜在的態度を測定しようとしたら、「神」と何を対にしたらいいだろうか。

そこで、考え出されたのが、良い悪いを判断する評価課題はそのままで、組み合わせるもう一つの課題を1つのカテゴリーだけにしてしまった「単一カテゴリー潜在連想テスト(Single Target IAT)」である。★7 単一カテゴリー潜在連想テストもその後いろいろな潜在的態度測定に活用され、その有効性が検証されている。

潜在連想テストの実施のためにはパソコンとソフトウェアが必要である。ミリセカンド単位での計測が必要とはいっても、実際には反応時間の差は100－300ミリセカンドにもなるわけで、これは0・1－0・3秒である。そこで、計測にはせいぜい10ミリセカンド程度の精度があれば十分で、ごく普通の汎用のパソコンで潜在連想テストを実施することができる。原理を理解していれば、映像や単語の画面提示やキー押し反応までの時間計測などを自分でプログラムを組んで実施することも可能である。提示する写真や単語などだけを指定するだけで、簡単に潜在連想テストが実行できる簡易ソフトウェア(Inquisit: Millisecond ソフトウェア製)も市販されている。最新の Inquisit は iPhone や iPad にも対応しているので、心理学の実験室でしかできなかった潜在連想テストがどこでも簡単にできるようになった。しかし、もっと簡単に潜在連想テストを実施する方法があるのだ。それが次の章で紹介する「集団式簡易潜在連想テスト：FUMIEテスト」である。

第5章

学校教育現場で使える集団式潜在連想テストの開発

グリーンワルドらが開発した潜在連想テスト（ＩＡＴ）はパソコン上でのキー押しの反応時間をミリセカンド単位で計測することが必要であるため、学校教育現場で簡単に実施することは困難であった。そこで、著者らは潜在連想テストをアンケートと同様に紙版で実施できるよう改良し、さらに、計測方法を工夫することによって、集団で一斉に実施できるようにした「集団式簡易潜在連想テスト」を開発した。本章では、著者らが開発した集団式簡易潜在連想テストである「ＦＵＭＩＥテスト」について紹介する。

1 学校では潜在連想テストは使えない

「今日の授業は特別にパソコン教室でやるぞ。静かに移動すること。」

「わーい、先生何やるの？」

「はいはい、静かに移動すること。」

……（移動完了）

「さあ、まずいつものようにパソコンを立ち上げて……」

「先生、このパソコン立ち上がりません。」

「これも、動きませーん。」

……（なんとかすべてが立ち上がる）

「画面にIATっているアイコンがあるから、それをクリックしてみてくれ。」

「どれだかわかりませーん。」「あれー、画面が止まりました。」「マウスが動きませーん。」

パソコン導入時には、「なるほど、パソコンを使うとこんな授業もできるのか」と感心したものだが、しばらくするとその感動は小さくなってしまった。技術・家庭科の授業ではパソコン室で行なう単元があるが、その他の教科では教室を移動してまでパソコンを使うことはあまりない。修学旅行や進路に関することなどで調べ学習を行なう場合などには、パソコン室は予約でいっぱいになることもある。最近では、教室で使えるタブレット型端末とアプリケーションサーバによるソフトウェアの一括管理で、教室移動なしでもコンピュータが簡単に使えるというのが、機器導入のセールスポイントである。そうなれば、第4章で紹介した潜在連想テストも教室で一斉にすることが不可能なわけではない。

しかし、「不可能なわけではない」ことと、「ちょっと、気軽に使ってみる」との間のギャップはまだまだ大きい。教室移動の必要はなくなったとしても、教室で生徒が普段からタブレットを出したまま授業を受けているわけではなく、比較的安価になったとはいえ、教科書のように生徒に配って自由に使わせるほどにはなっていない。機器を保管された場所から出して、初期動作を確認して、サーバからアプリケーションを読み込むだけでも、手間と時間は相当かかる。

すべてがスムーズに進行したとしても、潜在連想テスト自体にかかる時間も無視できない。最初に公開された1998年版の潜在連想テストは、第4章で述べた4つの組み合わせ課題の前にそれぞれの分類課題による練習も含まれていたため、全部で最低でも正味15分はかかるものだった。その後、この問題点に気づいたグリーンワルドらは「短縮版潜在連想テスト(Brief Implicit Association Test: BIAT)」[★1]を開発し、実施時間をほぼ半減した。そして短縮版でも従来の潜在連想テストと同様の結果が得られることを示し、今後はこの短縮版を使うことを推奨している。しかし、この短縮版でさえまだ教示の時間などを含めれば全部で10分はかかる。すべての生徒が課題をさっさとやるわけではないから、授業に組み込むなら15分は見なければならない。これに機器の準備や後片付けを入れたら授業時間の大半が潰れてしまうだろう。だから、タブレットで潜在連想テストができるとしても、そして短縮版を使うとしても、学校で実施するのは結局無理と言わざるをえない。まぁ、現在、内田の勤めている長野市内の公立中学校では、生徒が使うためのタブレットは用意されていないので、この話は、何年か後の近未来の話である。

2 紙版の潜在連想テストというアイディア

第3章で述べたように、学校でもアンケートはよく使われている。アンケートなら、特別な機器も要らず、教室で生徒たちに用紙を配って回答させるだけで良いからだ。学校では、「プリントを配って生徒がそれに何かを記入する」という手続き自体が日常的なことなので、筆記具を特別に用意させる必要もない。外部からの依頼のあったアンケートは、用紙自体が学校に送られてくるし、学校内で自作する場合でも、プリントをコピーしたり印刷したりすることは教師にとってお手のものである。だから、潜在連想テストも「紙に印刷したものに、鉛筆などで記入するだけ」のスタイルになっていれば、学校への導入もスムーズにいくはずである。

本書の著者らは、潜在連想テストが開発された直後から、こうした簡易版の潜在連想テストを開発したいと考えていた。もちろん、同じように考えた研究者は世界中にも数多くいて、いくつかの試みが提案されてきた。たとえば、レムらの試み[★2]は、その最も早いものの一つであるが、学会発表レベルで終わってしまい、完成には至らなかった。レムらの試みでは、パソコン版の潜在連想テストをほとんどそのまま紙版に変え、キー押しの代わりに、左右のボックスにチェックを入れる形式を採用していた。この形式なら写真もそのまま印刷して使える。しかし、テスト用紙は十数ページにも及ぶものになってしまう。確かに、パソコンを使わなくても実施できるが、手間はそんなに軽減されていなかった。

私たちのアイディアはもっとシンプルなものだった。紙上で左右に反応を振り分けなくても、単語に○×をつければいい。測定対象となるものも写真でなく、単語にすれば、両者を同じスタイルで分類させることができる。現に、パソコン版の潜在連想テストでも、「黒人」「白人」の分類課題に写真ではなく、"Amanda" "Ebony" "Heather" "Jasmine" などの女性名を提示して、どちらが「黒人」でどちらが「白人」かを分類するような課題も使われていた。（どうやらアメリカではこうした名前だけで黒人と白人の区別が可能らしい。読者は区別ができるだろうか？）

もう一つの工夫は、反応時間を測定する代わりに、一定時間内での作業量を計測することにしたことだ。体育の授業で、「8分間走」というものがある。中長距離の速さを競うものだが、一人ひとりのタイムを計測するのではなく、複数人を同時に走らせて、「8分間でどれだけ走れたか」の距離を計測するものだ。この方式の利点は、ストップウォッチ一つで「速さ」の計測ができることである。考えてみれば、速さを時間で表すのは直感的にはわかりにくい。「速さが大きい」ほど「時間は小さく」なるからだ。これに対し、8分間走では「速い人ほど長い距離が走れる」ため、「速さが大きい」＝「距離が長い」となる。紙版の潜在連想テストでも、回答者一人ひとりの反応の時間を測るのでは、ストップウォッチがいくらあっても足りなくなってしまう。でも、一定時間の作業量なら、ストップウォッチ一つで済む。秒針があるものなら腕時計でも壁の時計でも十分である。そこで、「1分ごとの作業量」を計測するスタイルにした。

本書の著者の一人である守は、2002年にはこのアイディアを使った「紙版潜在連想テスト」を作り、指導していた学生の卒論に活用してデータを採取しはじめていた。そして、2004年にグリーンワルドが日本社会心理学会の招待講演に来日した際に、見てもらい、「ぜひ開発を進めるよう」賞賛してもらったのだった。今考えると、「○×式」と「1分間の作業量」という2つのアイディアは、日本人ならではのものだった。まず、「○×式」は日本の社会に特有の反応形式である。そして、「1分間の作業量」については、第3章で紹介した「内田クレペリン検査」というモデルとなるものがあった。(「えっ、クレペリン検査って、ドイツで開発されたものじゃないの?」と思うかもしれないが、これはドイツの精神科医クレペリンの理論を援用して、日本人の内田勇三郎が独自に開発したものである。検査名に「クレペリン」が入っているのは、その方がカッコ良かったからだ。「内田式検査」だったら、ここまで広く使われるようにはならなかっただろう。)そして、内田(おっと、この「内田」はこの本の著者の「内田昭利」のこと)らの協力を得て、紙版の潜在連想テストは2008年に、心理学などの行動科学の研究方法についての専門学術誌『行動研究方法(Behavior Research Methods)』に公刊された。★3 紙版の潜在連想テストとしては、世界で最も早く開発されたものである。我々は、このテストに「FUMIEテスト」という名前をつけた。一応、Filtering Unconscious Matching of Implicit Emotions(潜在感情の無意識的対合の濾過)の略語ということにしたが、もちろん「踏み絵」の意味である。このFUMIEテストというネーミングは、研究者の守にとっては顕在的に肯定的であり、教育者の内田にとっては顕在的に否定的である。だから、FUMIEテストを実施する際には、このネーミングに十分注意する必要がある。以前に、ある中学校の校長室で「生徒に踏み絵を踏ませるのか」とお叱りを受けたこともある。そこで、実施にあたっては「集団式潜在連想テスト」や「集団式簡易潜在連想テスト」など、誤解を受けないネーミングを使うことを推奨する。

3 集団式簡易潜在連想テスト「FUMIEテスト」の開発

この節では、ＦＵＭＩＥテストの開発の経緯についてもう少し詳しく紹介したいと思う。別にどんな手続きでこのテストが作られたのかを知らなくても、本書の巻末の「実施マニュアル」を見れば、すぐに使ってみることができるのだが、開発の手順を理解しておけば、ＦＵＭＩＥテストを使用目的に合わせてカスタマイズしようと考えた時に役に立つと考えたからである。

まず、先に述べたパソコン版潜在連想テストからの２つの改良点について説明をしたい。また、ＦＵＭＩＥテストでは「黒人か白人か」の分類課題を使わずに、カテゴリーをそのまま単語で示すことにした。そこで、その変更理由を説明する。次に、具体的なテスト作成の手順を述べる。本来はその次に、実施手順と検査結果の採点方法などを紹介するべきであるが、やや煩雑になるので、それらは巻末の「実施マニュアル」に詳しく記載した。詳しい実施手順などについては、そちらをご覧いただきたい。ここでは具体的な実施手順・採点手順は省略し、最後に、ＦＵＭＩＥテストの信頼性と妥当性の検証について報告する。心理学における新しい検査方法の開発の際には、必ず、その検査方法の信頼性と妥当性について適切な方法で検証しなければならない。

図5-1 オーストラリアの入国カード

入国にあたっていろいろな質問にYesかNoかで回答するが、回答は四角の中に×を書き込む。

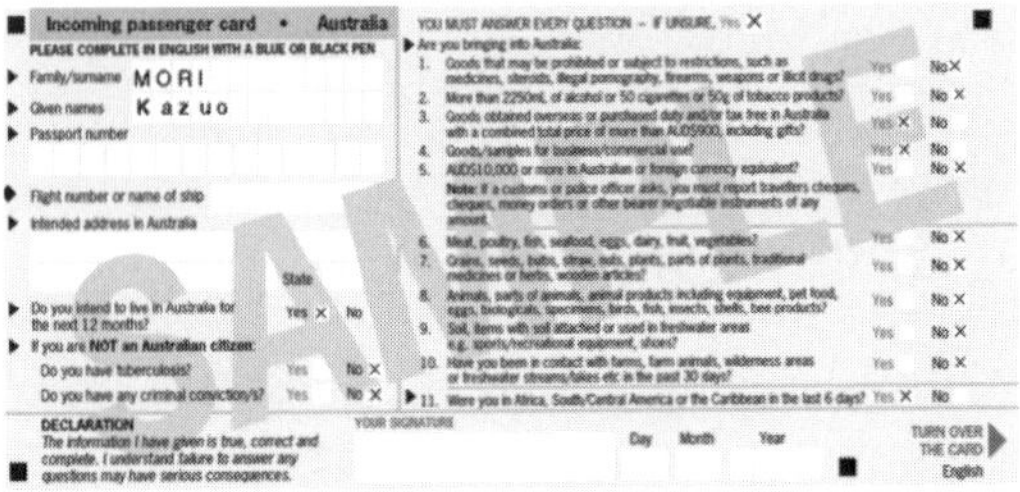

（1）キー押し反応の代わりに○×をつける

「良いものに○、悪いものには×」というやり方は、万国共通のように思われているが、実はそうではない。欧米では、×が必ずしも悪いことを意味しないのである。たとえば、アンケートなどでいくつかの選択肢の中から当てはまる項目を選ぶような場合、日本人なら当然○をつけるが、欧米では×をつけるケースがよく見られる。日本での「○×式」に相当する欧米のテスト問題は、たいていTrue ___ False ___ の選択肢が用意されていて、True _×_ False ___ かTrue ___ False _×_ のように回答する。そこで、潜在連想テストの紙版を試作した前述のレムらも、用紙の左右にチェック欄を用意して、そこにチェックを書き込むスタイルしか思いつかなかったのだ。

実は、レムらが試みた左か右かにチェックを描くという手続きは、左右の差というやっかいな問題も関係してくる。左右は均等ではないからである。そのため、パソコン版の潜在連想テストでも、良い意味の時に左手（悪い意味を右手）で反応する課題と良い意味に対して右手（悪い意味に左手）で反応する課題とを両方やって、その平均値を計算するという面倒くさい手続きが取られている。なぜなら、被験者の利き手の差によって反応時間に微妙な差が生じる可能性があるからである。レムらの紙版はペンを持った手で、左か右かにチェックを入れるだけだから利き手の問題は関係ないはずだが、用紙の左側と右側とでチェックの入れやすさに違いがあるかもしれない。そこで、厳密な計測のためには、念のために同じことを左右で繰り返してみなければならない。これは単純に検査に要する時間が2倍かかることにつながる。

幸いなことに、日本では「良いものに○、悪いものには×」というやり方が定着しているので、単語を提示するだけで、それが良い意味を示す単語か悪い意味を示す単語かを簡単に○×で回答できる。そこで、私たちが作った紙版の潜在連想テストの基本的スタイルは、紙に印刷された単語に○か×かをつけるというものになった。

(2)「速さ」を1分間の作業量で測る

残る解決すべき問題は、○×をつける速さをどう測定するかである。パソコンでやる場合と違って、単語ごとに○か×をつける時間を計測するようなことはできない。回答者の手元を見ながらストップウォッチで計測するのは、仮に可能であったとしても、手間がかかって実用にならないからである。そこで、次に考えたのが、1ページに50単語分印刷しておいて、全部の単語に○×をつけ終わる時間を計測する方法だった。しかし、この方法も使いものにはならない。学級で30人の子どもに紙版の潜在連想テストをやらせるのに、一人ひとりの時間をそばについてストップウォッチで測るのでは教師一人では絶対にできない。

この問題の解決のヒントとなったのは「内田クレペリン検査」であった。村上（2008）『心理テストはウソでした』[★4]にもあるように、この検査の信憑性はかなりあやしい。しかし、信憑性はともかく、この検査から潜在連想テストを集団で実施するための大きなヒントが得られたことは確かである。時間を測るのではなく、一定時間の作業量を測ればいいのである。「内田クレペリン検査」はまさにそうした方法で作業の速さを測るものだった。

それでも、２００４年にグリーンワルドに見せた頃のＦＵＭＩＥテストは、課題ごとにＡ４用紙１枚を使って、１分ごとにページをめくっていくものだった。このスタイルでパソコン版の潜在連想テストと同様に２つの課題を違う組み合わせ、さらに最初に教示のページや練習課題のページをつけると最低でも８ページが必要になり、テスト用紙の準備もその後の採点処理にも時間がかかるという難点があった。そこで、「内田クレペリン検査」のように１枚の用紙に、単語を何行分か印刷して、行ごとに課題を行なうようなスタイルに変更することを考えた。

ところが、ＦＵＭＩＥテストは「平和」「戦争」のように漢字2文字の熟語を使うため、A3用紙を横長に使ったとしても1行に60語しか印刷できない。作業が速い被験者だと30秒もあれば60語に○×をつけ終わってしまうのだ。実は、「内田クレペリン検査」も計算が速い人を想定して、A3よりもさらに横に長い特殊なサイズの用紙を使っている。しかし、ＦＵＭＩＥテストをA3判の2倍のサイズにしたのでは、教室の机からはみ出してしまうし、コピー機も印刷機を使うにも不便である。（「内田クレペリン検査」は正式な検査用紙を購入せずに、勝手にコピーして使われないために特殊なサイズにしているのかもしれない。）

そこで、発想を転換して、課題遂行時間の方を1分間から20秒に短縮することにした。計測時間は20秒でも3行分やれば同じことであり、この方が検査時間も短くなって、むしろ好都合であることもわかった。これで、A3用紙に単語を印刷して、その単語に20秒間で○×をつけるという基本的デザインが決まった。

ところで、○は1筆で描けるが、×は2筆が必要である。すると、×を描くときの方が、○を描くときよりも時間がかかるかもしれない。些細な違いではあるが、時間を計測するような検査においては、わずかな差でも無視するわけにはいかない。そこで、○と×をそれぞれ20回連続で描くのに必要な時間を測って比較してみた。すると、確かに○を描く方が速いことがわかった。しかし、ＦＵＭＩＥテストではただ○や×を連続して描くわけではない。単語の意味の良い悪いを判断しながら、その結果を○か×かで描くことになる。そこで、判断課題を行ないながら○を描く場合と×を描く場合とをそれぞれ続けて20回行なった時にかかる時間も比較してみた。すると、○と×を描く際のわずかな差は、判断のための時間の中に吸収されてしまうことが確認できた。新しい検査法を開発して、それを学術誌に公刊する際には、こうしたことも実験によって確認することが求められるのである。

(3) ターゲット分類課題の廃止

グリーンワルドらのオリジナルの潜在連想テストでは、ターゲットとなる概念について、写真や名前などの例を提示して、それをカテゴリーに分類する課題が用いられていた。具体的には、いろいろな黒人の顔写真と白人の顔写真を提示して、それぞれが黒人（というカテゴリー）か、白人（というカテゴリー）かに分類するという課題であった。このままの形式にすると、レムらの試作版のように、紙にも写真を印刷することになり、テスト用紙の作成が煩雑になってしまう。写真の代わりに、"Amanda" "Ebony" のような名前を例示して分類させるとしても、測定対象となるカテゴリーにふさわしい例を用意する必要があり、時にはこうした例を探すのが困難なこともある。たとえば、日本人には "Amanda" "Ebony" のような名前から黒人白人分類をする課題は使えない。黒人や白人のハリウッドスターやスポーツ選手を分類させることは可能かもしれないが，回答者がそのスターや選手を知っているとは限らない。また，「エディー・マーフィー」や「レオナルド・ディカプリオ」と文字で書くとスペースが必要になり，用紙に収まらなくなる。

潜在連想テストやFUMIEテストで調べようとしているのは，黒人や白人に対する潜在的態度なのだから，「黒人」「白人」といったカテゴリー名をそのまま使ってしまう方がわかりやすいし，それで不都合が生じるとは思えない。そこで，3番目の改変ポイントとして，第2の分類課題は廃止して，「黒人」「白人」などのカテゴリーをそのまま使い，それに○×を直接つけるような課題に変更した。具体的には，「黒人には○，白人には×」をつける課題と，逆に「黒人には×，白人には○」をつける課題にしたわけである。

(4) 評価語の選択と単語の提示順序の決定

FUMIEテストの作成にあたっては，まず意味の良し悪しの分類課題に使われる単語（以下では「評価語」と呼ぶ）の選定をする必要がある。作成者が勝手に良い意味の単語と悪い意味の単語を評価語にしてはいけない。「良い意味」の評価語は，テストを受ける回答者の誰もが良い意味と判断するものでなければならないからである。「悪い意味」の評価語についても同様である。また、評価語は「良い意味」と「悪い意味」とが互いに反義語になっていることが望ましい。さらには、印刷した際にすべての単語が同じような体裁になるよう、漢字2文字の熟語に限定することとした。

テストは中学1年生以上を対象に実施できるよう、中学校1年生が意味を理解できる漢字2文字の反義語の対を30ピックアップし、予備調査として、実際に中学1年生40名に意味がわかるかどうか（熟知度）と、それぞれが良い意味か悪い意味かの判断をさせた。予備調査の結果を、熟知度が高く、意味判断が一致するものから順にランクつけ、ランクの高いものから順に16対を選び、FUMIEテストに用いる評価語とした。

FUMIEテストの1行目の練習課題では、この評価語だけが使われるので、良い意味悪い意味が偏ることのないようにバランスをとりつつランダムに並べればよい。しかし、2行目からのターゲットを混ぜて、ターゲット語に○か×かをつけさせる課題では、評価語とターゲット語をどう配置するのが適切だろうか。

パソコン版の潜在連想テストでは、単語の意味分類課題とターゲット（黒人か白人かなど）の分類課題が交互に提示される。これをそのまま取り入れるとすると、FUMIEテストでも評価語とターゲット語が交互に出てくるよう印刷することになる。しかし、FUMIEテストではターゲットは分類課題ではなく、カテゴリー名がそのまま示されるため、単に交互にしたのではターゲットの方が頻繁に現れすぎることになってしまう。たとえば、「黒人」「白人」をターゲットとする場合で考えてみると、評価語とターゲットを交互にすると「戦争　黒人　満足　白人　成功　黒人　勝利　白人　幸福　白人　平和　黒人　……」のようになり、ターゲット語が多すぎてしまう。評価語は16対で32種類あるのに対し、ターゲットは「黒人」「白人」の2語しかないからである。かといって、評価語とターゲット語が同じ頻度で登場するように並べたのでは、ターゲットが17語に1語しか現れず、これも少なすぎて不都合である。

最終的に、評価語とターゲット語の出現比率を2対1にすることにした。評価語の良い意味と悪い意味とターゲット語の3語を1セットとして、ターゲット語が2つ連続しないようにしながら、バランス良く（ランダムに）単語の順序を定めた。

あとは、実施手順や採点方法を決めればよい。前述のように、具体的な実施手順や採点方法はここでは省略する。実際にＦＵＭＩＥテストを実施してみようとする読者は巻末の「実施マニュアル」をご覧いただきたい。むしろ、重要なのはＦＵＭＩＥテストの信頼性と妥当性の確認である。作成されたＦＵＭＩＥテストがすぐに使えるわけではない。新しく開発された検査法は、その信頼性と妥当性を調べて、その検査が有効な検査法であるかどうかを検証する必要がある。これはちょうど新しく作った機械がちゃんと動いて、目的通りの働きをするかを確認することと同じことである。理論的には正しいはずだと思っても、理論通りに使える検査になっているかは、一定の手続きによって検証する必要があるのだ。

(5) 作成されたFUMIEテストの信頼性と妥当性を測る

検査の信頼性とは、その検査の測定結果が同じ検査対象に対し、いつも同じになるかどうかのことである。たとえば、体重計が測るたびに違う体重を表示したとしたら、壊れていると思うだろう。体重計だけでなく、私たちの身の回りの計測機器を使うとき、私たちは「同じものを同じように測れば、いつでも同じ結果が得られる」ということを暗黙の前提としている。ところが、測定しようとするものが複雑になってくると、同じ手順で測定をしても、必ずしも同じ結果が得られるわけではない。たとえば、体温計はどうだろう。似たような値は出るが、いつも完全に一致しなくても、故障しているとは考えないだろう。体温計や血圧計は、体重計よりも信頼性が低いのである。

心理検査のように、もともと測定が難しいものを測る検査では、むしろ、同じ結果が出ないことの方が多い。たとえば、知能検査の結果は測るたびに違う数値となるのが普通である。実は、学校で行なう学力テストも心理検査の一種とみなすことができる。数学のテストというのは、生徒の「数学の学力」という目に見えない能力を測定するものである。テストの結果が、当日の体調や頭の働き方、さらには運によって、違ってくることは誰もが知っている。ただ、まったく同じにならないとしても、「似たような値」になることも誰もが知っていることである。そこで、いつも80点くらいを取っている生徒が、40点だったりしたような時には、何かあったのではと考えるだろうが、78点だったときには別に何の疑問も持たないのが普通である。

検査の信頼性は、検査を繰り返した時にどの程度似たような結果が得られるかを計算することで調べることができる。たとえば、60人の被験者に同じ検査を2回実施して、検査結果について2回の結果の相関係数を計算する。検査結果が2回ともまったく同じになった時には相関係数は r = 1.0 となるが、心理検査では r = 0.8 より大きくなることが望ましいとされる。（相関係数というのは、数学と英語のテスト成績や、体重と身長など、2つの測定値の間に何らかの関係が見られるかどうかを示す統計数値である。一方の測定値が上昇するとともう一方もまったく同じように上昇するような場合、相関係数は最大値の r = 1.0 となる。一方が上昇すると、反対にもう一方は下降するような関係がある場合は、相関係数がマイナスとなり、完全に逆の関係になると r = −1.0 になる。そして、一方が上昇しても、もう一方は上昇も下降もしないような場合は相関係数が r = 0.0 になる。つまり、2つの測定値の相関関係は -1 から1の範囲の数値で示せるわけである。）

実際に信頼性を計測してみたところ、FUMIEテストの信頼性係数は$r=0.56\sim0.71$程度だった。ただ、潜在連想テストやFUMIEテストのように反応時間を計測する検査は、どうしても信頼性係数（相関係数）が低くなりがちである。そのため、グリーンワルドらの潜在連想テストの信頼性係数でも$r=0.6$くらいしかない。というわけで、FUMIEテストの信頼性も十分高いとは言えないまでも、ギリギリ合格というところだった。

一方、検査の妥当性は、その検査が測ろうとしていることをちゃんと測れているかということである。これも、身の回りにある測定器具では当たり前すぎて普段ほとんど意識することはない。たとえば、体重計で「ホントに体重が測れているのか」と疑問に持つ人はいないであろう。しかし、これも繰り返しになるが、心理検査のような「目に見えないつかみどころのないもの」を測る場合には、重要なチェックポイントとなる。

新しく開発した検査の妥当性を調べることは簡単ではない。たとえば、最近の体重計は体脂肪までが測れるようになっているようなものがある。しかし、機器に表示された体脂肪率の数値が本当に体脂肪率を示しているのかどうか（＝妥当性）を私たちはどう調べたらいいだろう。一つの方法は、体脂肪率の計測にどんな仕組みが使われているのかを調べることである。そのやり方が合理的なものであれば、妥当であると判断できる。これは「内容的妥当性」に基づく妥当性の検証と呼ばれる。

実は、ＦＵＭＩＥテストの妥当性を調べる手順はもっと簡単である。それは、潜在連想テストという既に定評のある検査方法があるからである。ＦＵＭＩＥテストの開発の目的は、潜在連想テストで測れるようなことを、もっと簡単に測れる方法を作ることだった。だから、同じ回答者にパソコン版の潜在連想テストとＦＵＭＩＥテストの両方をやってもらい、２つのテストで同じような結果が出るかどうかを調べればいいいからだ。こうした方法は「外的基準に基づく妥当性の検証」方法と呼ばれる。妥当性係数の計算は、信頼性係数の計算と同様に、２つのテスト結果の相関係数を求めることで行なえばよい。

実際に、３種類の異なるターゲット語を用いて79人、76人、77人に両方のテストを受けてもらい、両方の結果の相関係数を計算したところ、r = 0.35、0.26、0.30という結果になった。この数値は、両方のテスト結果に有意な相関があることを示しているが、実は、あまり褒められた数値ではない。妥当性係数も r = 0.7 程度あることが望ましいのだが、これもまた反応時間を調べるタイプの心理検査ではなかなか高い妥当性係数は得られないことが知られている。ここでも、ギリギリの合格点ということである。

テストの開発者が自分で「合格点」としたのでは、お手盛りじゃないかと批判されそうだが、そうではない。完成したＦＵＭＩＥテストは専門家の審査を経て、学術研究法の専門学術誌に公刊されているからである。信頼性や妥当性に問題がある検査法はこの審査で不合格とされてしまうのである。

（6）より良いものにするため改良を重ねる

厳密な審査を経て、公刊されたＦＵＭＩＥテストであるが、公刊後もさらによいテストとなるように改良を重ねてきている。以下では、そうした改良のうち重要と思われるものを３点挙げたいと思う。

（a）単一ターゲット版ＦＵＭＩＥテスト

パソコン版の潜在連想テストでは「黒人」「白人」のようにターゲット語を対にして使う形式が１９９８年に公刊され、ターゲットが一つだけでも使える「単一カテゴリー潜在連想テスト（Single Target IAT）」が登場したのは８年後の２００６年だった（Karpinski & Steinman, 2006）。しかし、ＦＵＭＩＥテストでは当初から、ターゲットが対の形式と単一の形式の両方が用意されていた。その後の、ＦＵＭＩＥテストの活用研究では、むしろターゲットが一つの形式が用いられることの方が多くなった。本書の中心的な問題である「偽装数学嫌い」の検出に用いたＦＵＭＩＥテストも「数学」だけをターゲットとしたものであった。

（b）潜在連想得点の改良

ＦＵＭＩＥテストの開発当初は、検査結果は「潜在連想得点（Implicit Association Score: IAS）」を計算することにしていた。これは、ターゲットに○をつける課題の遂行単語数から×をつける課題の遂行単語数を単に引き算したものであった。しかし、単に差を見るだけでは、全体として遂行数が多い場合の方が、差も大きくなりがちであることが反映されない。そこで、遂行数の差を全体の遂行数で割って、遂行数に対する比率で結果を示すような潜在連想比率（Implicit Association Ratio: IAR）という指標を考えた。しかし、この数値は小数点以下の小さいものになってしまい、何を示しているのかがわかりにくいという難点があった。そこで、さらに改良して、潜在連想指数（Implicit Association Quotient 100: IAQ_{100}）という指標を考案した。これは、「課題を１００語遂行した時に、○をつける課題と×をつける課題で生じる差」を示すものである。今後は、この指標をＦＵＭＩＥテストの結果の標準的指標とすることにしたい。潜在連想指数 IAQ_{100} の詳細は巻末の「実施マニュアル」をご覧いただきたい。

（c）ＦＵＭＩＥテストの基準値

著者らは、ＦＵＭＩＥテストの利用が広がっていけば、いろいろなターゲットについて、

図5-2 大学生男女による潜在連想指数（IAT_{100}）の基準値

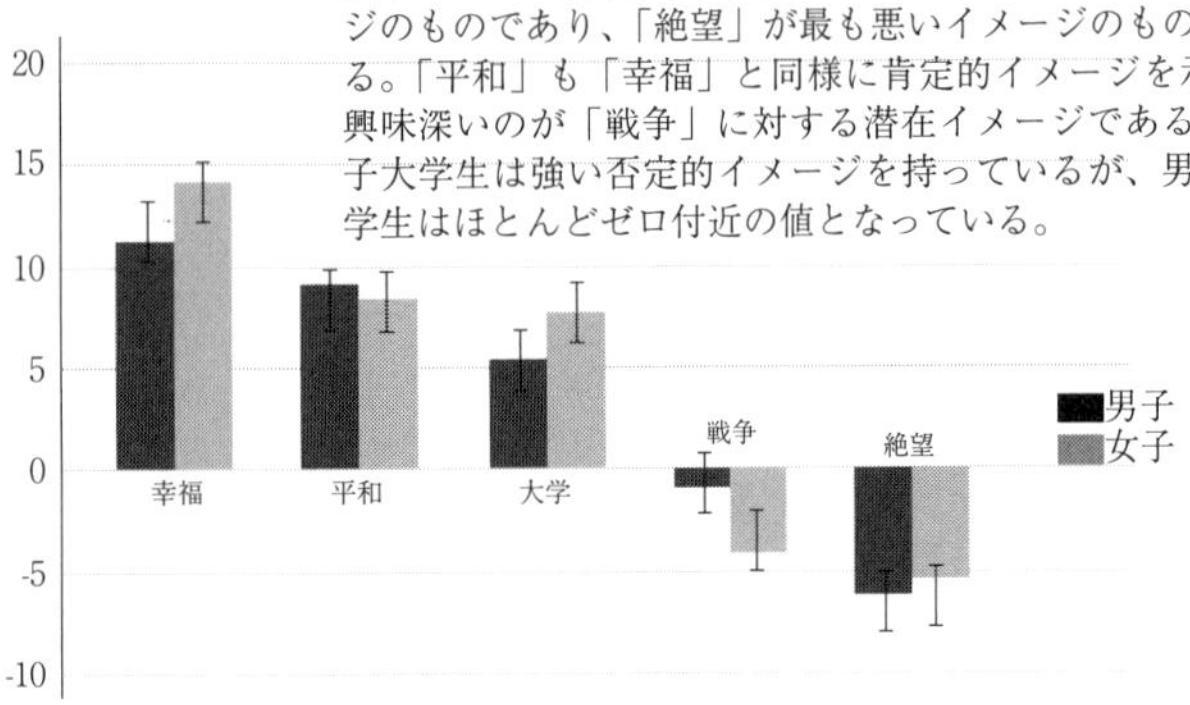

大学にとって男女共「幸福」が最も潜在的に良いイメージのものであり、「絶望」が最も悪いイメージのものである。「平和」も「幸福」と同様に肯定的イメージを示す。興味深いのが「戦争」に対する潜在イメージである。女子大学生は強い否定的イメージを持っているが、男子大学生はほとんどゼロ付近の値となっている。

その潜在連想指数がわかるようになると楽観視していたのだが、FUMIEテストは潜在連想テストのように爆発的に活用が広がるようなことにはならなかった。前述のように、「○×式」というアイディアは日本人ならではのもので、世界に先駆けて「紙版の潜在連想テスト」を開発できた恩恵が得られた。しかし、この恩恵はFUMIEテストが日本以外ではほとんど使われないという障害にもなった。今後、外国での利用に適したマーキングシステムを考えていく必要がある。

せめて日本国内での利用がもう少し広まるよう、改善を続けてきているが、基準値の測定はそうした改善策の一つである。FUMIEテストで計測された潜在連想指数は、プラスならターゲットに対して肯定的な潜在的態度であること、マイナスなら否定的な潜在的態度であることを示すわけであるが，その度合いはどの程度であるかについて，今までは基準となるものがなかった。これでは，中学校の教員が自分のクラスの生徒に「学校」をターゲットにしてFUMIEテストを実施して，生徒の平均潜在連想指数（IAQ_{100}）が+5であるとわかっても，自分のクラスの生徒が学校に対して肯定的なイメージを有していることがわかるだけで，その数値が十分な大きさなのかどうかはわからない。

そこで，少しずつであるが，いろいろなターゲット語で潜在連想指数の標準的な値がどれくらいの数値になるのかの測定を始めている。図5-3に示すのは，評価語にも使われている「幸福」と「絶望」の大学生男女別の潜在連想指数（IAQ_{100}）の平均と標準誤差（この範囲に68パーセントの真の値が含まれる）である。これは潜在連想指数の正の最大値と負の最大値に相当する。そこで，「平和」「戦争」や「大学」などはすべてこの範囲内に収まることになる。まだわずかなデータにすぎないが，今後，こうした基準値データの充実にも努めていきたいと考えている。

第6章

「偽装数学嫌い」生徒の検出

私たちは、日本の子どもたちが数学嫌いを装っているのではないかと考えた。そこで、この仮説を検証するために、通常のアンケートと潜在連想テスト（FUMIEテスト）とを組み合わせることで中学生の数学に対する「ホンネ」を探ってみた。その結果、FUMIEテストでは数学を肯定的に捉えているにもかかわらず、アンケートでは「数学が嫌い」と答える「偽装数学嫌い」の生徒がいることを見つけ出した。では、なぜこうした生徒は「数学嫌い」を偽装するのだろうか。なぜ、まだ数学がそんなに難しくない時期から数学嫌いになってしまうのだろうか。

1 学校での「研究」とは

教員が勝負しなければならないのは「授業」である。その授業力を高めるために、各学校で行なわれているのが「研究授業」である。だから、学校で「研究」と言えば、教員は「研究授業」をイメージすることになる。

では、そもそも「研究授業」とは何だろうか。インターネット辞書・辞典検索サイトのジャ

パンナレッジで日本大百科全書（ニッポニカ）を使って調べてみた。その解説では

　よりよい授業のあり方を求めて、研究的、実験的に行う授業をいう。研究授業には、(1)だれかに授業をみてもらって批判や指導・助言を受け、授業の改善に資しようとして行う授業、(2)集団として共同で授業研究を行う場合、また、その研究の素材提供の意味で行う授業、(3)新しい教育方法を実験的に取り入れてその効果を試すために行う授業、(4)優れた授業者や先輩、あるいは権威者が、後進を指導する目的で演示する授業などがある。一般に、研究授業においては、十分な準備とそれに基づく授業計画が用意され、それに従って展開される。また、授業はできる限り精確に記録され、授業後にはその記録や学習資料に即して分析・検討が加えられる。研究授業を通して授業を研究することを「授業研究」といい、日常的にも組織的計画的にも広く行われている。また、授業研究の科学的な方法も大きく進展してきている。

とある。

この解説の最後にあるように、学校で研究授業は「日常的」「組織的」「計画的」に行なわれている。それは、文部科学省などの指定を受けて公開する研究授業もあれば、校内で公開

授業として行なう研究授業まで規模は様々であるが、教員一人ひとりが何らかの形で研究授業に関わっていることを意味している。

このように、同じ「研究」という言葉が使われていても、その内容は本書で述べる科学的「研究」とは大きく違っている。「研究授業」のために研究されたことは、ランダム化比較対照実験により検証されているわけではない。だから、「研究授業」で得られた結果は、「証基教育」の証拠にはならない。「研究授業」では、授業における目に見える工夫がなされるため、教授法の改善に役立つように感じられる。しかし、そうした工夫が本当に有効なものなのかどうかを、子どもたちの学びの姿から確認するだけでなく、ランダム化比較対照実験で確かめてみる必要がある。それが科学的研究であるが、そうした科学的研究は一見すると授業の改善にすぐに結びつくようには見えないため、なかなか実施されないのである。そうした意味で、この解説の「授業研究の科学的な方法も大きく進展してきている」と結ばれている点については、疑問を感じざるを得ない。研究授業でランダム化比較対照実験が行なわれ、教育の科学化が進んでいるわけではないのである。

2 FUMIEテストを用いた「偽装数学嫌い」生徒の検出

数学の授業中に、わずか5分間程度とはいえ、印刷された単語に○×をつけさせる作業をやらせることは、数学の勉強になんら関係ないことのように思えるだろう。しかし、こうした作業を通して、生徒たちの数学に対する潜在的な連想構造を探ることができる。生徒たちの数学に対するホンネが探れるのである。

第5章で紹介したように、著者らはアメリカの社会心理学者グリーンワルドらが開発した「潜在連想テスト」を改良し、学校でも簡単に実施できるような集団式簡易潜在連想テスト「FUMIEテスト」を開発した。このテストを用いれば、ターゲットとなる言葉に対して、回答者が潜在的に良い評価をしているか悪い評価をしているかを知ることができる。そこで、ターゲット語として「数学」を用いることで、数学に対する生徒たちのホンネがわかるということになるわけだ。

(1) なぜ日本の中学生は数学を嫌うのか

第2章において、TIMSS調査の結果、日本の子どもたちは「数学の成績はいいのに、数学を嫌っていること」が示されたことを述べた。同様の傾向は、別の国際学力テストであ

図6-1 日本語の論文が無料で探せるCiNiiデータベース

るPISAにも表れている。PISAの調査でも、日本の子どもたち（15歳）は数学リテラシー分野で好成績を修める一方で、数学への学習意欲に関わるアンケートにはOECDの平均を下回る回答をしているのである。PISAでは、数学の学習意欲に関わる5つの観点（「数学における興味・関心や楽しみ」「数学における道具的動機づけ」「数学における自己効力感」「数学における自己概念」「数学に対する不安」）についてのアンケートを行なってきているが、日本の子どもたちの回答は、いつの調査でもこれら5つの観点すべてについてOECDの平均より低い値であった。

こうした国際比較研究での結果を受けて、国内では児童生徒の数学への興味関心を高めるための実践もなされてきた。全国学力・学習状況調査における質問紙調査では、そうした取り組みの効果が徐々に現れてきているようであるが、それでも「数学の勉強が好きですか」との問に対して2017年の調査では、44・1%もの生徒が否定的な回答をしている。

以上のように、日本の子どもたちの数学の学力は国際的に高い水準にあるにもかかわらず、数学はあまり好まれていない。なぜ、日本の子どもたちは数学を嫌うのだろうか。国内の数学教育者などがこの問題についてどんな研究をしてきているかを探るために、国立情報学研究所の論文情報データベース（CiNii）を利用して論文検索を行なってみた（２０１７年11月20日）。「数学嫌い」をキーワードに検索をすると１０９件の論文がヒットした。さらに、「中学生」というキーワードで絞りこむと、９件になった。第1章で述べたように、学会発表はあてにならないので、学術論文だけを選ぶと5件しか残らない。このうち2件は著者ら自身の研究なので、結局、中学生の数学嫌いについての研究論文は日本にわずか3件しかないということだ。

いちおう、これら3件の研究を古い順にざっと紹介しておこう。高山★1（1992）は、もう20年以上も前の研究であるが、数学嫌いとコンピュータに対する学習態度やイメージには関連がないことを明らかにしている。柳本・中本・桝田★2（2002）は、「数学嫌い」「中学生」がキーワードとして含まれているためにヒットしたが、内容は、グラフ理論の教育的意義について考察し、教育実践を行なっただけである。佐久間★3（2007）は、数学嫌いと読書嫌いが増加している状況の中で、「マイナスとマイナスを掛け合わせればプラスになるという数学的思考で」という、とんでもない文系的思考での実践報告である。「嫌い」と「嫌い」をかけ合せたら「好き」になるという発想もすごいが、それを「数学的思考」と表現する感覚に呆れてしまう。柳本ら（2002）や佐久間（2007）は学会誌でもないので、まともに取り合うまでもない。結局、日本の中学生がなぜ数学を嫌うのかについて、日本の学界はまったく研究成果がないのである。誰も、中学生の数学嫌いについての研究論文さえ書いていない。

（2）中学生のホンネを探る

前述の論文検索でヒットした著者らの論文、内田・守[★4・5]（2012, 2015）は、本書で紹介する研究である。内田・守（2012）は、新しく開発したＦＵＭＩＥテストを用いて、「数学」と「理科」に対する中学生の潜在連想構造を探ってみた研究であり、この研究が「偽装数学嫌い」の生徒がいることを発見することに結びついてゆく。この研究では、内田の担当する中学校１－３年生に対し、数学と理科の好き嫌いをアンケートで尋ねると同時に、ＦＵＭＩＥテストを用いて、アンケートに生徒たちがどれだけ正直に答えているかを調べてみることにした。その結果、アンケートとＦＵＭＩＥテストとの結果はかなり食い違うことがわかった。食い違いは、理科より数学で、そして男子よりも女子生徒でより顕著だった。女子生徒は、アンケートでは「数学が嫌い」と回答することが多いのだが、ＦＵＭＩＥテストでは数学に対して肯定的な潜在イメージを持っていることがわかったのである。

やはり、中学生は数学の好き嫌いについてホンネを隠しているようなのだ。そこで、もっと本格的な調査を実施することにした。さらに、生徒一人ひとりについて、アンケートとFUMIEテストの結果が対応づけられるようにした。調査の実施にあたっては、当該中学校の学校長はじめ関係する教員に研究の趣旨説明を行ない、実施の許可を得た。また、生徒に対しても、調査の前に十分な説明を行ない、調査に協力してもよいという同意が得られた生徒だけを調査対象とした。こうした手続きは、「インフォームド＝コンセント」と呼ばれる。最近は、心理学の実験研究だけでなく、医師が特定の治療をする際にも、この手続きが取られることが普通である。医師の場合なら、患者にその治療法の利点と問題点とをよく説明した上で（＝インフォームド）、患者の了承（＝コンセント）を得て、実際の治療を始めることになる。心理学の実験や調査でも、趣旨をよく説明した上で、被験者の了承を得て、実施に移すわけである。

実際には学校でアンケートを実施するたびにこんな面倒くさい手続きが取られているわけではない。アンケートの場合には、もし答えたくない質問があれば、答えなければ済むからである。あるいは、本心とは違う回答をしてしまえばよい。しかし、第3章で述べたように、アンケート調査を実施する側からは、それがアンケート調査の弱みとなる。

そこで開発されたのが、「嘘がつけない」、そして「潜在意識まで検出できる」潜在連想テストやFUMIEテストだったわけだ。これは調査の実施者にとっては都合のよいことであるが、調査される側から見ると、自分の内面が覗かれてしまい、自分でも気づかなかったことが他人に知られてしまうことでもある。これは気持ちのいいことではない。そこで、FUMIEテストの実施にあたっては、検査を受ける人に「あなたが心の中で思っていることが明らかにされるかもしれないこと」を伝えた上で、それでも検査を受けることに同意するかどうかの確認をすることが研究倫理上の必須事項となるのである。

もっとも、調査を行なった私たちも特定の生徒の心の中を覗こうとしているわけではない。知りたいのは、中学生が全体として数学や理科をどう捉えているかである。そこで、調査は無記名とし、アンケートとの対応づけのための整理番号だけを用いて、集計や分析を行なうこととした。こうした手続きは「匿名化」と呼ばれ、これも実験や調査を行なう上での研究倫理上の必須事項である。なお、こうした倫理的な手続きを含めて、学校側の了解を得るとともに、大学などの研究機関の研究倫理委員会の承認を得ることも必要である。

このようにして、内田・守（2015）では、中学校1－3年生計309名に、数学と理科についてのアンケートとFUMIEテストを実施した。アンケートでは、単純に「数学が好きですか嫌いですか」と尋ねるのではなく、「数学が好きですか」という質問と「数学が嫌いですか」という質問の両方を用いて、それぞれについて、「とてもそう思う」「そう思う」「どちらとも言えない」「そう思わない」「まったくそう思わない」の5つの選択肢から選んでもらうという形式をとった。単なるアンケートではなく、心理学の研究者が研究で質問紙調査を行なう際の常套手段である。普通に考えると、「数学が好きですか」の質問に「そう思う」と回答する生徒は、「数学が嫌いですか」の質問には「そう思わない」と答えるはずだから、2回聞くのは無駄のようである。しかし、人は、アンケートに一貫して矛盾なく回答するわけではないのだ。そこで、あえて両面から質問するのである。そして、「好きですか」への回答を+2、+1、0、-1、-2と得点化する一方、「嫌いですか」への回答は正負を逆転させ、-2、-1、0、+1、+2という得点にして、両者の平均点を好き嫌いについての尺度とするわけである。FUMIEテストでは、「理科」と「数学」をこの順番でターゲット語とした検査用紙を作り、両方の教科について◯をつける課題と×をつける課題とを1分間ずつ実施し、作業量の差を調べることで、潜在的イメージが肯定的であるか否定的であるかを計測した。

調査の結果は大変興味深いものであった。数学と理科のそれぞれについて、アンケートへの回答とFUMIEテストの潜在連想指数とを対応づけてみると、アンケート調査では「数学が嫌い」と回答していたにもかかわらず、潜在意識では数学に対して肯定的であった生徒が生徒全体の20・1%も存在することがわかったのである。そこで、こうした生徒を「偽装数学嫌い」と名付けることにした。理科についても同様の分析をしてみたところ、「偽装理科嫌い」生徒は4・9％しかいなかった。

内田・守（2012）の調査結果からは、女子生徒に「偽装数学嫌い」が多いことが予想されたが、「偽装数学嫌い」の比率は、男子16・1％に対し女子23・9％で、予想通り女子の方が多かったとは言え、統計的には有意な違いとは言えなかった。ただし、FUMIEテストでは数学に対して肯定的な潜在イメージを示しながら、アンケートでは「どちらでもない」と答えた生徒を「偽装数学嫌い予備軍」と考えると、男子26・8％女子39・0％となり、統計的にも有意な差に達した。「偽装数学嫌い」の生徒は、1年生（9・9％）よりも、2年生（28・0％）や3年生（22・0％）の方が多いこともわかった。特に、1年生から2年生になると急増している。なぜだろう？　その要因については、ぜひ、本書を読んでいただいている中学校の先生方にご協力いただき、今後の研究課題にしていきたいと考えている。

3 なぜ「数学嫌い」を偽装するのだろうか

アンケート調査に「数学が嫌い」と回答していても、かなりの割合（75・8％）の生徒がFUMIEテストでは数学に対して肯定的なスコアであった。つまり、潜在的には数学を肯定していながら、アンケートには「嫌い」と否定的に回答していたということである。こうした「数学嫌い」を偽装している疑いのある生徒は、全体の約2割もいることがわかった。では、これらの生徒はなぜ「数学嫌い」を偽装するのだろうか。

一般に、数学嫌いの生徒は数学の成績が良くない。このことは、第2章でも紹介したように、国際的な学力調査でもすべての国において見られるほとんど普遍的な現象である。もちろん、これは数学に限ったことでもなく、それこそ「好きこそものの上手なれ」なのであって、どんな教科でも、あるいは学校以外の物事にも言えることでもある。

しかし、物事に対する好き嫌いと上手下手（成績の良し悪し）はどちらが原因でどちらが結果なのだろうか。数学で言えば、本当に、「数学嫌いの生徒は成績が良くないから数学が嫌いになってしまった」のだろうか。逆に、「数学を嫌っているから、あまり勉強をしないために、成績が悪くなってしまった」ということは考えられないだろうか。

成績と好悪のこうした関係は、「鶏と卵のどちらが先か」といった問題のように、どちらが原因でどちらが結果かわからないものと見なされている。「なぜ数学嫌いになるのか」の研究自体がほとんど皆無なのであるから、この問題も簡単に答えは見つからないだろう。

しかし、どちらが原因でどちらが結果かハッキリしないということは、「数学の成績が悪いこと」が原因ではなく結果であると考えることができるということだ。言い換えると、「数学が嫌い」だから「数学の成績が悪い」とも言えるということになる。成績が悪いから嫌い

図6-2 佐伯胖（1995）『「わかる」ということの意味』

1995年に出た「新版」にもコボレ君の話は載っている。

になるというのは、因果律が成り立つが、逆は成り立たないはずである。正しい因果関係は、前に述べたように、「数学が嫌い」→「嫌いだから勉強しない」→「勉強しないから成績が悪い」のようになるはずで、成績が悪いことの真の原因は「嫌いなこと」ではなく「勉強しないこと」である。

つまり、数学の成績が悪いために数学が嫌いになった生徒は、数学嫌いを成績が悪いことの原因にすることで「数学の勉強をしない」という真の原因から逃げようとしているのではないだろうか。本当は「数学をもっと勉強しなくちゃ」と考えていても、「嫌いになってしまえば数学を勉強しなくても済む」とも考え、「数学は嫌いだ」と言うことにしているのではないだろうか。

これをもっと深く考えることもできるだろう。佐伯胖（1983）『「わかる」ということの意味』（岩波書店）の第2章で、佐伯はド・シャームの理論★6に基づいて「オチ・コボレ君がなぜやる気を出さないのか」について、わかりやすくコボレ君に語らせている。要点をまとめると、コボレ君は「自分に能力があることを否定されたくないので、やる気を出さない」のだ。人は、自分に能力があることを否定されることを何よりも恐れる。能力がないのだったら、自分の存在意義が失われてしまうからだ。

ここで、「能力」の部分を「数学の能力」に置き換えてみよう。能力全般を否定されることに比べれば、「数学の能力」くらいが否定されても人は生きていける。それでも、何の能力であれ、否定されることは望ましいことではない。しかし、数学のテストで良い成績が取れないことは「数学の能力を否定される」ことである。中学校に入ってから数学が難しくなり、テストで良い成績が取れなくなった生徒は、そのままでは「数学の能力が否定」されてしまう危機にある。

ここで、コボレ君のように、あえてやる気を出さなければ、「能力がないのではなく、やらないからできないだけ」という言い訳ができるようになる。つまり、数学の勉強をやめてしまえば、「数学のテストで成績が悪くても、数学の能力がないのではなく、数学の勉強をしなかったからだ」と言い訳ができることになる。しかし、ただ「数学の勉強をしない」ことにするわけにはいかない。「なぜ、勉強しないの?」と親からも教師からも言われてしまうからだ。

そこで、まず嫌いになってしまう。そうすれば、なぜ勉強しないのかという質問にも、「嫌いだから」という理由がつけられる。「嫌いだから勉強しない」→「勉強しないから成績が悪い」というわけだ。ここで重要なことは、親や教師に対する言い訳としてだけでなく、こうした言い訳が、生徒自身の「自尊心」を守ることにもつながることである。コボレ君がそうであったように、生徒だって自分に数学の能力がないことを認めることは最後までしたくない。それを認めてしまったら「自尊心」が傷つくからである。だから、数学が苦手な生徒たちは、悪い成績しか取れない自分自身への言い訳として、数学を嫌いになり、さらにはそれを周囲の人にも言うことにするのである。

しかし、ここでよく考えていただきたい。大学で数学を専攻するような学生が学ぶ数学なら、特別な「数学の能力」がない人には難しいのかもしれないが、中学校の数学で特別な「数学の能力」が必要なのであろうか。もう一歩、踏み込んで考えてみる必要があるだろう。中学生たちは、「数学ができない」のではなく、「今はできないことはないのだが、もっと難しくなってきたら、きっとできなくなりそうだし、そうなったら自分に数学の能力がないことを認めなければならなくなるだろう」という恐れを抱いているだけなのではないだろうか。不安なのである。生徒たちは、そうした不安に耐えきれず、早めに「嫌いになってしまう」ことで、そうした不安から抜け出そうとしているのだろう。

もし、こうした解釈が正しいとすれば、不安を抱きやすい生徒ほど「数学嫌い」になりやすいことが考えられる。必ずしも、現在の成績がそのまま数学嫌いにつながるわけではない。それぞれの生徒が、これから先の数学の内容が高度化していくことと、それに自分がついていけるかどうかの見通しを持つことで、自分の数学への能力に自信を失くしてしまえば、不安の方が大きくなって「偽装数学嫌い」になってしまうのである。

残念ながら、こうした解釈が正しいかどうかを検証することは難しい。どんなランダム化比較対照実験をすれば、この解釈の検証ができるだろうか。もちろん、生徒には生まれつきの数学的センスの良し悪しも少しくらいはあるだろう。不安を持ちやすい傾向にも個人差があることだろう。よく言われるように、教師と生徒との相性のようなものもあるのかもしれない。こうした多くの要因をすべて考慮した上で、「偽装数学嫌い」が結果として生じてくる原因を特定することは極めて難しいと思われる。しかし、そう言って諦めてしまったのでは「証基教育」は進展しないことも事実である。ほんの小さな証拠でもいいから、ランダム化比較対照実験によって明らかにできることはないだろうか。

第7章

「偽装数学嫌い」生徒の救出

「偽装数学嫌い」の生徒は、数学嫌いを偽装することで数学の勉強から逃げていると予想できる。その結果、遅かれ早かれ「真の数学嫌い」になってしまうだろう。そこで、著者らは「偽装数学嫌い」生徒に「本当は数学嫌いではないよね」とFUMIEテストの結果を伝えることで、生徒の自己暗示を解くことができるのではないかと考えた。実際に、偽装数学嫌い生徒をランダムに半分に分け、その一方にのみ「数学嫌いは偽装であること」をフィードバックし、残りの半分は比較のために偽装についてのフィードバックはしなかった。その結果、偽装についてフィードバックをした生徒は1年後に数学の成績を向上させていたのに対し、フィードバックをしなかった生徒には大きな変化がなかった。これは「証基教育」における証拠となるランダム化比較対照実験の実例でもある。

1 やらなければ負けない

サッカーが下手であることに悩んでいる大人は少ない。ほとんどの大人は日常生活の中でサッカーをしないからだ。しかし、男の子なら、最近は女の子でも、子どもの頃にサッカーをしたことがあるはずだ。始めた頃は、結構巧かったかもしれない。それでも、ほとんどの人は大人になるまでの間にサッカーをするのをやめてしまう。その理由の多くは、「自分には向いていないから」とか「別に好きじゃないから」というものだろう。第一、サッカーができなくても、日常生活に困るわけではない。

では、なぜ「自分には向いていない」と思ったのか。おそらく、初めはある程度上手くできたつもりでも、じきに他の子どもより巧くないことがわかり、試合でも負けてしまうことが多かったからにちがいない。サッカーに限らず、野球でも卓球でも同じことが言えるだろうし、スポーツだけでなく、将棋やテレビゲームでも同じことだ。他人より上手にできて、勝負に勝つことは何よりも強いモチベーションになる。逆に、負けてばかりいることは苦痛である。負けないための、最も有効な戦略は戦わないことである。やらなければ絶対に負けない。

数学も同様である。数学ができないことに悩んでいる大人は少ない。ほとんどの大人は数学を日常生活で使わないからだ。最近は、簡単な足し算や引き算でさえ、スーパーのレジが機械でやってくれるので、計算する必要もない。高校レベルの数学はもちろん、中学校で習ったような三角形が合同かどうかや、連立方程式を解くことなどが、日常生活の中で必要になることはまったくない。大学入試センター試験の問題が新聞に掲載されても、解いてみようとするのは、ある程度、数学に自信のある大人だ。ほとんどの大人はそんなことはしない。やらなければ、絶対に打ちのめされることはない。

しかし、中学生にはこの戦略が使えない。数学はやらなければならない勉強だからだ。サッカーの試合は、サッカー部の生徒以外は出る必要がない。しかし、数学のテストは受けたくなくても、受けなければならない。やらないという最強の戦略が使えないのだ。では、どうするか。

次善の戦略は「勉強をやらない」ことである。学校の

試験は数学の能力を測るものだが、試験の結果には「能力と努力（と運）」が影響する。能力だけを切り離して調べることはできない。そこで、試験は出題範囲が決められ、受験者は最大限の努力をした上で試験に臨むことが前提となる。みんなが同じように努力、つまり勉強をした上で、「能力と努力」の結果をみれば、そこに現れた差は能力の差とみなすことができるからである。そこで、次善の戦略は「試験は受けるが、この〝能力試験〟は受けない」というものである。努力の部分を調整してしまえば、試験結果が悪くとも、それがどこまで能力のせいなのかわからなくなる。たとえるなら、自分の体重が他人に知られるのが嫌だっ

たら、たっぷり着込んでリュックまで背負って体重計に乗ればよいのである。

2「偽装数学嫌い」生徒の戦略

第6章の最後に書いたように、「数学嫌い」を偽装する生徒は、「数学が嫌いであること」を数学の成績が悪いことの言い訳として使おうとしているのではないだろうか。あるいは、そうした「確信犯」的な偽装でなくとも、アンケートになんとなく「数学が嫌い」と回答したくなってしまう可能性もある。数学が嫌いということにすれば、成績が悪いことの教師や親、友達に対する言い訳となるだけでなく、自分自身にとっても、成績が悪いことを受け入れやすいからだ。

さらには、まだ「成績が悪い」というほどではない生徒にとっても、「この先、成績が悪くなりそうだ」という不安だけでも、「数学嫌い」になってしまうことの理由となる。本当に成績が悪くなってから、ショックを受けるよりも、先に「数学嫌い」になって勉強をやめてしまえば、悪い成績を取ることが予測でき、ショックを受ける心配もない。そこまで考えた上で「数学嫌い」になるわけではなくても、すでに「数学嫌い」を公言するようになったクラスメートがいて、そうした生徒が数学の勉強から解放されているのを見れば、自分もそうした方が楽だと考えても不思議ではない。

(1) 数学と性差のステレオタイプとその真偽

内田・守(2012)では、これに加えて「性役割ステレオタイプ」という後押しが女子生徒にある可能性を論じた。世間一般が、「女の子は理数系が苦手である」と考えていて、女子生徒が数学を嫌いになっても「まあ、女の子だから仕方がないか」と受け入れてくれるからだ。女子生徒はそうしたステレオタイプによって、「数学嫌い」へと誘い込まれてしまうのである。「男子は理数系に向いているが、女子は人文社会系の方が向いている」という性役割ステレオタイプは、日本だけでなく、世界中に広まっていて、それゆえに、ステレオタイプではなく真実なのではないかとも考えられてきた。これは突き詰めれば、「数学的な能力に生得的な性差があるかどうか」という問題である。一見すると、性差は明らかなように見える。歴史的に見ても、過去の偉大な数学者はみな男性であり、数学界のノーベル賞と言われるフィールズ賞受賞者も2014年に初の女性数学者マリアム・ミルザハニ(Maryam Mirzakhani)が出るまでは女性は一人もいなかった。大学の数学科で数学を専攻する学生も男女比が大きく偏っている。

しかし、こうした現状は社会が女性に数学をさせてこなかっただけであるとも言える。一度できあがったステレオタイプは、生まれてすぐから、学校教育、さらには高等教育に至るすべての過程で女性を数学から遠ざけるように働く。その結果、そのステレオタイプはさらに強固なものになってしまうのである。つい最近まで、数学を学ぶどころか、学問自体が女性には閉ざされていたのであるから、過去における男女差は生得的な性差があることの「証拠」にはならないのである。

たとえば、数学に限らず、過去の偉大な学者や、文学者、音楽家、画家、政治家など、どの分野でも男性に比べ女性は圧倒的に少ない。性役割ステレオタイプが正しいのなら、数学者は男性が多く、文学者は女性が多くなければおかしい。男女平等の社会になって、女性の社会進出が進み、ドイツ、イギリスなど女性が国のトップに立つことも珍しくなくなり、フィールズ賞を取る女性数学者も出てきた。まだまだ男女同権が完全ではない状況でさえ、ここまで女性が活躍するようになったのだから、男女が完全に同等に取り扱われるようになれば、性役割ステレオタイプもなくなってしまうだろう。

世界的な偉人に女性よりも男性が多いことは、「男性の方が生物学的にバラツキが大きいせいだ」という説明もなされてきた。「イブはアダムの肋骨から作られた」とする旧約聖書の話とは逆で、生物学的には女性が基本形であり、男性はその変異体として生まれてくる。身体の構造も女性より単純である。それゆえ、個体差も大きくなりやすいというわけだ。結果的に、飛び抜けた天才も生まれやすい。このことは同時に、飛び抜けて劣った個体も生まれやすいことを意味するのだが、世間が注目するのは良い面で飛び抜けた側だけである。その結果、飛び抜けた天才は、数学などの学問分野だけでなく、どんな分野でも男性が多くなってしまうのである。

実は、著者自身も最近まで、この「男性の方がバラツキが大きい」仮説（Greater Male Variability Hypothesis）が数学における男性優位を説明できると考えてきたのだが、数学の能力の性差に関する最近の研究成果は性差の存在を否定するものばかりである。なかでも決定的と思える研究として、ハイドとマーツの研究★1がある。ハイドとマーツは①普通の子どもたちに数学の性差があるか、②数学的に才能のある人々に性差はあるか、③飛び抜けて数学的な才能を持った女性はいるか、という3つの観点から、過去から最近までの研究を再吟味し、メタ分析という新しい統計的手法によって統合的な結論を導き出した。まず①についてであるが、２００１年からのＮＣＬＢ法のおかげでアメリカのすべての州のすべての学年で生徒の数学の成績が調べられるようになったため、男女差も簡単に調べられるようになった。その結果は「男女差はない」というものであった。マコビーとジャクリンの著書★2が出版された１９７４年には、男子の方が数学の成績が優れていたのだが、急速に差は縮まり、21世紀にはついに差はなくなったのである。

ハイドとマーツは、②と③についてはまだ男女差があることを確認している。たとえば、数学オリンピックに各国代表で出場する高校生の男女比はまだ男子生徒の方が女子生徒の10倍近く多い。また、アメリカの大学で数学の博士号を取る学生も女性は3割しかいない。しかし、ハイドとマーツは「これはまだ女性が男性と対等に数学を学べるようになって日が浅いためである」と結論している。なぜなら、数学の博士号を取る女性の割合は、1960年代にはわずか6%だったものが、10年ごとに6ポイントずつ増加し、30%にまで達しているからである。このままのペースでいけば、2030年代には男女が50%ずつになる。また、数学オリンピックの出場者に占める女子生徒の割合は、出場者の国の男女平等度指数と正の相関関係にある。社会が男女平等になるほど、数学オリンピックに出場する女子生徒も増える傾向があるということだ。ハイドとマーツは、PISAやTIMSSの調査結果も分析し、数学における上位成績者の多くが男子生徒である傾向があることを認めつつも、それが逆転している国も複数あり、いずれこうした差が解消していくという見通しを述べている。

ハイドとマーツの研究が決定的であるとここで述べたのは、この論文がアメリカで最も権威ある学術誌である『米国科学アカデミー紀要（Proceedings of the National Academy of Science of the United States of America)』に掲載された論文であるからである。過去の研究を網羅し、最新の分析手法を用いて引き出した結論は、この学術誌の厳しい審査者の目からも確かなものであると判定されたのである。

数学と性差のステレオタイプは、いずれ男女平等の社会が実現すればなくなるものだろう。しかし、日本の現状はまだまだ性差が存在している。悲しいことに、日本の「男女格差指数（Gender Gap Index）」は0・65くらいで停滞し、世界ランクも100位以下である。性差ステレオタイプもまだしばらくは消えないだろうが、少なくとも学校では「数学に性差は関係ない」ことをしっかり生徒に伝えるべきである。

(2) 不安と自信と自己暗示

話を元に戻そう。生徒たちは、数学が本当に難しくなる前から、難しくなることを恐れて、授業についていけなくなるのではと不安にかられる。そして、その不安から逃れるために「数学嫌い」になってしまうのである。そして、「数学嫌い」になった生徒は、それを理由に数学の勉強をしなくなってしまうから、当然、成績も下がってしまう。あとは悪循環が繰り返されるだけとなる。「偽装数学嫌い」の生徒は、ほうっておけば、ほぼ確実に「真の数学嫌い」の生徒になってしまうだろう。そうなってしまってからでは、生徒たちを救うことは非常に困難である。なんとか、そうなる前に「予防」措置は取れないだろうか。

もしこうした仮説が正しいとするならば、生徒たちの「数学学習に対する不安」を取り除いてやればいいことになる。しかし、どうすれば、生徒たちの「不安」を取り除けるだろうか。生徒たちは、「数学の学習が難しくなっていくことを予測」し、「それに自分がついていけなくなるのではないか」という不安を持つ。数学の学習内容が難しくなっていくことは事実であるから、これは変えようがない。改めて考えてみると、中学校3年間で確実に難易度が高まる教科は数学と英語だけなのではないだろうか。国語と社会もそれなりに難しくなっていくが、数学ほどその差が明確ではない。理科も数学のような積み重ねがあるが、物理学と生物学のように学習する分野の違いの方が大きく、学年進行による難易度は数学ほど明確ではない。

実際に難しくなっていくことが事実であるとすれば、「それについていけなくなるのではないか」という不安自体を軽減してやる以外にない。「大丈夫、君ならきっとついていけるよ」と生徒に伝え、生徒が「ついていける」と考えてくれればいいわけだが、それは結局のところ「生徒に自信を持たせる」ということだ。「不安」の裏返しは「自信」である。「この先、少しくらい数学が難しくなっても、ちゃんとやっていける」という自信があれば、数学を嫌いにならないだろう。

では、どうすれば生徒に自信を持たせられるか。「自信を持て」というだけではダメである。そもそも人はどのようにして自信を持つようになるのだろうか。

心理学の研究成果をみてみよう。アメリカの心理学者アルバート・バンデューラ（Albert Bandura）は、人は「自分には何かに力を及ぼすことができる」という根源的な感覚を持つと考え、そうした感覚に「自己効力感（Self-efficacy）」と名づけた。[★3] バンデューラの自己効力感理論は心理学や教育心理学の分野で最も広く知られている理論の一つであり、世界中の研究者が自己効力感の重要性を検証する研究を行なってきている。自己効力感は自信の根源である。

バンデューラによれば、自己効力感を高める方法は以下の４つであるとされる。①何かを達成する経験をする、②他人が何かを達成するところを見る、③周囲から励ましを受ける、④酒を飲んで気を大きくする。確かにその通りかもしれないが、これでは何の役にも立たない。④以外は、教師なら生徒に対して常に心がけてきていることだ。難易度が異なる問題を用意し、生徒に達成感を経験させ（①）、それを授業の中で他の生徒にも見せ（②）、「やればできる」と励ましの言葉をかける（③）。これだけで生徒に自信をつけさせることができるのなら、生徒はみんな「自信満々」になっているはずである。そうでないから困っているのだ。生徒に酒を飲ませるわけにもいかないし……。

(3) 間違った自己暗示の修正

真面目に考えてみよう。「偽装数学嫌い」の生徒は、本当はまだ数学が嫌いなわけではないのに、「数学嫌い」を装って、周囲を騙し、自分自身にもそう思い込むよう「自己暗示」をかけているとも言える。だったら、「本当は数学が嫌いではないよね」とFUMIEテストでわかったことを伝えてやり、生徒の「自己暗示」を解いてやったらどうだろう。根拠もなく生徒にそんなことを言ってもダメかもしれないが、FUMIEテストで、その生徒が「潜在的には数学を嫌っていないこと」を実際に検出しているのだから、それをそのままフィードバックしてやればいいのである。「偽装」を自覚している生徒なら、その偽装がばれたことも自覚するだろう。

「偽装」の意識がないままに、アンケートに「数学が嫌い」と答えてしまった生徒もいるかもしれない。そうした生徒は、自分自身の潜在的な意識にも自覚がないだろう。しかし、そうした生徒にとっては、自分の数学に対する潜在意識が肯定的であることを知ることが、励ましとなるだろう。数学の学習に抱いていた漠然とした不安から「数学嫌い」になりつつあった時に、自分では気づけなかった自分の内心が数学に向いていることを知ることは、不安を軽減して、勉強を続けることを勇気づけるものとなるだろう。

どちらの場合であっても、FUMIEテストで明らかとなった事実を生徒に伝えることは生徒にとって有益に働くにちがいない。「潜在意識では数学を肯定している」という情報は、「君には数学に対する潜在能力がある」という情報のように伝わるかもしれない。現に潜在意識を測る検査であることを説明してFUMIEテストを実施したわけだから、その結果をフィードバックすることも自然なことである。

③「偽装を見破ること」の効果の科学的検証：ランダム化比較対照実験

「偽装を見破ること」の効果を検証するにはどうしたらいいだろうか。まさに、これこそランダム化比較対照実験をすればいいのである。「偽装数学嫌い」の生徒をランダムに2つのグループに分け、その一方だけに「偽装を見破ったことをフィードバック」し、比較対照のためのもう一方のグループにはフィードバックをしない。そして、その後の2つのグループの生徒の成績がどう変化するかを調べればいい。もし、「偽装を見破る」ことが上記のような効果を持つとすれば、フィードバックを受けた生徒たちは、自己暗示を解いて、数学の勉強から逃げることをやめるだろう。一方、比較対照グループの生徒たちは、「偽装」を続けるだろうから、だんだんと数学の勉強をしなくなってしまうだろう。となれば、その結果は、いずれ成績の差となって表れてくるにちがいない。

ここで、比較対照となる生徒たちの成績が下がる恐れがあるにもかかわらず、手をこまねいて何もしないでいることが倫理的・教育的に許されるのかという問題がある。（もっとも、このことは偽装数学嫌いの生徒の存在が発見されたからこそ問題になることなのであるが……。）しかし、だからといって、「偽装数学嫌い」の生徒全員にフィードバックをしたのでは、比較対照実験にならないのだ。「偽装を見破る」ことに劇的な効果があり、「偽装数学嫌い」の生徒すべての成績が向上したとしても、それでは「偽装を見破る」効果を検証したことにならないのである。たとえば、「偽装数学嫌い」の生徒は、こうした実験に参加したことが原因で、成績を上げたのかもしれない。「自分たちが研究の対象になっている」ということだけで、気分が高揚するものだ。現に、こうした効果は「ホーソン効果」として広く知られている。これはアメリカで１９３０年代に行なわれた実験★4で、ホーソン工場の従業員を被験者に、工場における作業効率を高める要因を検証しようとしたものだったが、「実験に参加して周囲の人々から注目されている」ということ自体が作業効率を高めることがわかったのであった。ランダム化比較対照の手続きを取らないと、どんな結果が出ても、その結果を様々な要因で説明できることになって、結局はっきりしたことは何も明らかにできないことになってしまうのである。

実際には、「比較対照のグループに対しては何もしない」というわけではない。比較対照となる「偽装数学嫌い」の生徒に対しても、しっかり数学の勉強をするよう励ましをするし、教師は最善を尽くすのである。もう一方のグループとの違いは、「偽装を見破った」という情報が与えられないということだけである。こうした実験がなされなければ、もともとそうした情報は与えられるはずもなかったことなのであるから、実験に参加することで特に不利益が与えられるわけではない。

以上のようなことを、長野市の中学校の学校長をはじめ関係する教員に説明し、実験の趣旨を理解していただいた上で、実験実施の許可をいただいた。生徒に対しては、ＦＵＭＩＥテストが潜在連想構造を探るものであることを説明した上で、テストを受けることについての同意を得て実施するという「インフォームド＝コンセント」の手続きをとった。調査の結果、誰が「偽装数学嫌い」と判定されたのかや、「偽装を見破る」効果を調べる研究であることは生徒には知らせなかった。調査は無記名とし、整理番号によって集計・分析を行ない、個人が特定できないよう配慮した。以上の手続きについて、中学校側の事前の了解を得て実験を実施した。

(1)「偽装数学嫌い」生徒の検出と2分割

はじめは、第6章で見つかった「偽装数学嫌い」生徒をランダムに2グループに分ければいいと考えたのだが、そう簡単にはいかないことがわかった。第6章で述べた調査で見つかった「偽装数学嫌い」生徒は、1年生で10人、2年生で30人、3年生で22人だった。まず、3年生は「偽装を見破ること」の効果を調べるのに使えない。なぜなら、見破った後の成績に変化が表れる前に卒業してしまう可能性が高いからである。効果が表れるまでの期間がわからない以上、できるだけ長い時間経過観察ができる1年生が最も望ましいことになる。しかし、「偽装数学嫌い」の1年生はわずか10人しかいない。これを2グループに分けたのでは、1グループ5人となって統計的な検定ができない。

そこで、1年生だけを対象にアンケートとFUMIEテストを実施して、新たに「偽装数学嫌い」の1年生を検出することにした。検出後に2分することを考慮すると「偽装数学嫌い」の生徒が60－80人見つかることが望ましいのだが、少なくとも40人程度は検出したい。そのためには中学校1年生400人が必要となる。しかし、長野市の中学校で1学年400人もいるようなマンモス校はない。そこで、まず1学年200人規模の中学校で実験を行なうこととした。偽装数学嫌いの生徒の人数が少なければ、別の中学校にもお願いをしなければと考えていた。実際には、中学校1年生217人の中学校で調査を行ない、調査には204人（男子117人、女子87人）が参加した。以前の調査での「偽装数学嫌い」検出と同様の手続きによって、38人（男子25人、女子13人）の「偽装数学嫌い」の生徒を検出することができた。最初の調査の1年生の比率よりも増えたのは、男子の比率が増えたことが影響しているからだろう。おかげで、ぎりぎりの人数を確保できた。偽装数学嫌いの生徒が発生する要因については、実施時期や学業成績等によっても左右されると予想される。いろいろな中学校で同様の調査をしてみればわかることなのだが、私たちだけでは時間も労力も足りない。ぜひ、本書を読んでいただいている中学校の先生方にご協力いただけることを願っている。

本題に戻そう。「偽装数学嫌い」の生徒として検出された38人をランダムに2つのグループに分けることになるわけだが、くじ引きでただ2つに分けるのではなく、2つのグループができるだけ同質になるようにする方が望ましい。単なるくじ引きでは、結果的に、一方のグループの方に成績の良い生徒が多く集まってしまう可能性がある。また、2つのグループの男女比も偏りのないようにしたい。そこで、あらかじめ男女別に成績が同程度の2人組を作っておき、それぞれの組について、くじ引きでグループを割り振るという手続きを取った。こうすることで、2つのグループの男女比や、成績レベルを揃えることができる。「偽装数学嫌い」生徒は男女共に奇数だったために、男女1組ずつは1人と2人との組になった。こうして作った18組について、くじ引きで「実験群」(心理学の実験では、特別な措置を施すグループをこう呼ぶ)と「統制群」(医学などでは「対照群」と呼ぶが、心理学では比較対照とするグループをこう呼ぶ)に振り分けた。その結果、2つあった「1人と2人の組」はどちらも2人が実験群になったため、実験群20人（男子13人、女子7人）、統制群18人（男子12人、女子6人）ということになった。

(2)「偽装数学嫌い」生徒の半分への潜在意識調査結果のフィードバック

さて、準備はできた。次に、実験群の生徒たちに「偽装を見破っていること」を知らせるフィードバックをするわけだが、その文面を考えねばならない。また、統制群の生徒たちにもできるだけ似た文面で同じようにフィードバックする必要がある。実験群だけにフィードバックすることにしたのでは、「偽装を見破ったこと」ではなく、「フィードバックしたこと」だけが何らかの教育的効果をもたらした可能性を排除できなくなってしまう。

そこで、以下のような文面を考え、統制群の生徒には傍線部の文だけを削除してフィードバックすることにした。

「あなたは、アンケート調査では数学好感度は、あまり高くありませんでした。しかし、新しく開発されたもう一つの心理テストでは、心の中で、学校生活に前向きに取り組もうとしていることがわかる結果となりました。また、心の中で『数学に対して前向きに考えている』という結果になりました。これからの、学校生活や勉強に頑張ってください。」

このフィードバックは、アンケートとFUMIEテストを実施した2カ月後に調査へのお礼と共に、生徒一人ひとりに調査結果を伝えるという名目で実施した。調査結果の権威づけのために、当時の守の所属大学と肩書きも添えた。もちろん、前記の傍線部以外のすべての文面は実験群と統制群とで同一のものを用いた。つまり、統制群の「偽装数学嫌い」生徒にも「大学教授からの調査協力への感謝と勉強への激励の文書」が配られたわけである。

(3) 効果の検証

あとは、蒔いた種から芽が出てくるのを待つだけである。ただし、ここで注意しなければならない重要な点がある。それは、どの生徒が「偽装数学嫌い」の生徒なのかを学級担任や数学の教員たちに知らせないことである。教員がそのことを知っていると、知らず識らずのうちに、そうした生徒を特別扱いしてしまい、そのことが生徒へ影響を与える可能性があるからである。これは、「ピグマリオン効果」としてよく知られている現象である。アメリカの教育心理学者ローゼンタール（Robert Rosenthal）は、1960年代によく行なわれていた心理学専攻学生の「ネズミの迷路学習」の実習において、学生に「優秀な系統のネズミだ」

という情報を与えて迷路学習の実習をさせると、学生がネズミに期待することが迷路学習の成績に影響することを見出した。そこで、ローゼンタールは同じことが小学校の教師と児童とにも起こるのではないかと考え、それを検証する実験をしてみた。小学校教師にクラスの中の特定の児童が「特に知能の高い児童である」という情報を与えたところ、実際に知能が高かったわけではない児童の成績が教師の期待の効果によって上がったのである。[★5]

実は、この実験は半世紀以上前のものであり、真偽が疑わしいとも言われている。しかし、そうした効果がありうることが知られている以上、「ピグマリオン効果」を排除できるように実験を計画しておかないと、「それはピグマリオン効果のせいじゃないのか」と言われてしまうことになる。同様の例として、医療分野でのランダム化比較対照実験を行なう際の「二重盲検法」がある。医師や看護師がどの患者が実験群であるかを知っていると、知らず識らずのうちに患者への接し方が変わってしまって、それが治療効果に影響してしまうことがあるからである。そこで、患者だけでなく、医師や看護師もどの患者が実験群であるかがわからないようにする手続きが取られる。「期待を持つ」くらいのことで、影響があるのだろうかと思うかもしれないが、そもそもこの実験で調べようとしていることが「偽装を見破る」ことに効果があるかどうかなのである。確かな「証拠」を得るためには、ほんのちょっとした気持ちの持ちようが、大きな影響を与える可能性は十分にあると考えて用意周到な備えを施しておく必要がある。

「偽装数学嫌い」生徒へのフィードバックに「偽装を見破ったこと」が含まれているかどうかがその後の数学の成績にどう影響するかは、実験を実施した中学校の定期テストの成績を調べることで確認することにした。実験群の学業成績の平均偏差値は、フィードバック前は47・6であったのが1年後は49・7に上昇していた。これに対して、統制群の成績は46・2であったものが1年後には45・9とわずかとはいえ、下降していた。

しかし、これらの生徒の成績は実験群で偏差値27・2から61・3、統制群で28・1から62・2と大きなバラツキがあり、このまま偏差値の平均値の差を統計的に検定することはふさわしくない。そこで、こうした場合によく使われるノンパラメトリック検定を用いることにした。具体的には、2つのグループについて、成績が上昇した生徒と下降した生徒の数を数えて比較した。成績は偶然でも上がったり下がったりするものだから、偶然でも半数の生徒は上昇し、半数は下降することが確率的に予想できる。これに対し、実際のデータが偶然とは言えないくらい偏っているかどうかを調べることで、統計的な検定ができるわけだ。

フィードバックを与えてから5カ月後の成績にはまだ2グループで際立った違いは見られなかったが、8カ月後には実験群で成績を向上させた生徒が多数を占めるようになり、1年後には16人のうち15人の成績が上がっていた。(実験群は20人だったが、4人は試験に欠席があったためデータから削除した。）一方、統制群では18人のうち8人が成績を上げただけだった。こうした偏りが偶然に生じる確率は p = 0.006 と極めて小さく、実験群の生徒が成績を向上させたことは統計的にも有意であることがわかった。

実験群と統制群の生徒は同じように「偽装数学嫌い」の生徒であり、男女の比率も成績レベルも同様であり、どちらも同じように大学教授からのフィードバック文書を受け取っていた。違っていたのは、その文書の中に「心の中で『数学に対して前向きに考えている』という結果になりました」という文があるかないかだけだった。このことは、「偽装数学嫌い」の生徒に対して、「君の数学嫌いは偽装だね」とフィードバックすることに効果があったことを示すものである。「偽装を見破ること」は、「数学嫌い」になることで勉強から逃れようとしていた生徒にそうすることを思い留まらせ、数学の学習を続けていけるかどうかの不安から「数学嫌い」になった生徒には、その不安を軽減させるよう働いたと考えられる。

4 この研究から得られた「証拠」

第6章とこの章で紹介してきた私たちの研究は[★6・7]、2015年に日本数学教育学会の機関誌『数学教育学論究』に掲載され、さらには厳密な審査を経て『国際理数科教育研究誌

（International Journal of Science and Mathematics Education）』にも公刊された。ランダム化比較対照実験で「偽装を見破ること」（原因）が「偽装数学嫌い」生徒の数学の成績向上（結果）につながるという因果関係を明らかにした「証基教育」のための「証拠」となる研究である。それでも、この研究で使われた被験者生徒の数（サンプルサイズ）は十分に大きいとは言えない。この研究で使われた38人の2倍は必要であった。それでも、この研究から得られた「証拠」は、まだ世界中で誰も見出したことがないものである。

（1）嘘の情報では効果が見られない

この研究で「心の中で『数学に対して前向きに考えている』という結果になりました」というフィードバックを与えたことは、「偽装を見破る」ことだけでなく、実験群の生徒に「君には潜在的に数学の能力がある」という情報を与えていた可能性もある。もし、そうだとするならば、「偽装数学嫌い」の生徒だけでなく、数学嫌いの生徒すべてにこうした情報が有益かもしれない。だとすれば、ＦＵＭＩＥテストを形だけやって、結果にかかわらず、すべての生徒にこうした「前向きの姿勢」をフィードバックしてやれば、数学の成績向上に役立つのではないだろうか。

しかし、残念ながら、こうした可能性はなさそうである。実は、この実験の中で、私たちは「真の数学嫌い」生徒（アンケートに「数学が嫌い」と回答し、ＦＵＭＩＥテストの結果も数学に対して否定的であった生徒）もランダムに2グループに分け、その一方だけに実験群と同じフィードバックを与えていた。もし、前述のように「前向きの姿勢」をフィードバックすることだけで数学の成績向上に役立つのであれば、こうした生徒の成績も少しは向上したはずである。

手続きと結果をもう少し詳しく述べると、「真の数学嫌い」の生徒は２０４人中24人だった。そこで、「偽装数学嫌い」生徒の場合と同様に、成績と性別をマッチングした組を12組作り、ランダムに２つのグループに分けて、２種類のフィードバックを与えた。その結果、こうした生徒の1年後の成績は、実験群も統制群も半数程度が成績を向上させただけだった。つまり、効果は見られなかったのだ。この結果は「因果関係が証明された」わけではないので、「証拠」にはならないが、嘘の情報では効果が期待できないことの「根拠」にはなる。「心の中で『数学に対して前向きに考えている』という結果になりました」というフィードバックが有効だったのは、それが「前向きな姿勢」を伝えたからではなく、「偽装が見破られていること」をフィードバックしていたからだということである。

(2) より確かな「証拠」とするために

実は、ランダム化比較対照実験は万能なわけではない。ランダムに2グループに分けることで、「錯乱要因が2つのグループに均等に影響するようになって打ち消しあってしまうはずだ」というのは、あくまでも確率的な予測であって、それが常に実現しているわけではないからだ。さらには、結果の検証に用いられる統計的な検定手続きも確率的な解釈に依存している。得られたデータが統計的に有意であるというのは、「偶然ではこんなことは5%も起こらないようなことだ」ということにすぎない。逆に言えば、「偶然でも20回に1回は起こるようなこと」なのである。

だから、同じようになされたいくつかのランダム化比較対照実験の結果がお互いに食い違うということも起こる。また、「証拠」とされたランダム化比較対照実験を同じように繰返してみても同じ結果が得られないことも多い。科学ジャーナルの最高峰と言われる『サイエンス(Science)』誌が、2015年に掲載した「心理学における再現性」というレポート★8は心理学研究者たちに衝撃を与えた。というのも、そのレポートではよく知られた心理学の実験(前述のように、心理学の実験は基本的にすべて「ランダム化比較対照実験」である)のうち100件を選んで、その再現実験を行なったところ、元の結果が再現できたのは39件だけだったのである。「証基教育」で使われる教育に関するランダム化比較対照実験のほとんどは心理学の実験と同じ手続きをとったものであり、心理学の実験と言ってもいいものばかりである。その心理学の実験に再現性が4割しかないということは、教育における「証拠」といってもその6割は再現性がないということに等しい。

心理学では、再現性の確認と保証のために「事前登録実験（Pre-registered experiments）」が推奨されるようになってきた。さらには、従来の統計的な検定法である「帰無仮説棄却検定」を止めて、新しい統計的検定方法[★9]（Cummings, 2013; Understanding The New Statistics）を採用する動きも加速している。本書では、こうした心理学の最新の動向までを詳しく紹介することはできないが、「証拠」をより確実なものとするための対策はなされているのである。

事前登録実験も新しい統計学もまだ教育心理学や「証基教育」に普及するには至っていない。しかし、ランダム化比較対照実験そのものの重要性が否定されたわけではない。「証拠」をより確かなものとするために必要なことは、ランダム化比較対照実験を何度も繰り返すことである。ここで紹介した著者たちの実験も、日本の他の中学校でも行なわれて同じ結果が得られれば、より確かな「証拠」となる。著者らは、日本の子どもたちと似たパターンを示す、台湾、韓国の子どもたちにも「偽装数学嫌い」がいるのではないかと考え、台湾や韓国の数学教育研究者との共同研究を始めている。台湾や韓国でもここで紹介した実験が再現されれば、ここで述べた「証拠」は日本だけでなく、国際的にも通用する「証拠」となるはずである。

第8章 「こころのX線検査」のその他の活用例

パソコンを使う潜在連想テストとは違って、著者らが開発した集団式簡易潜在連想テストである「FUMIEテスト」は学校教育場面でアンケートと同様に簡単に実施できる。著者らはこの「こころのX線検査」を学校教育の他の種々の問題に活用してきた。たとえば、「学校」に対する潜在連想を入学時に測定することで、中学生の学校への適応が予測できる。さらには、「自分」に対する潜在連想を調べることで、生徒の自己受容度や自己肯定度がわかる。この第8章ではこうした種々の活用例を紹介したい。

1 世界から取り残される日本の教育研究者たち

「証基教育」を推進するアメリカ教育省は、WWCの他にERICというウェブサイト(https://eric.ed.gov/)も公開している。これは、「教育情報センター(ERIC: Education Resources Information Center)」と名付けられているが、教育に関わる研究論文、調査報告、研究会資料などを網羅した無料のデータベースである。

第6章で研究授業について少し述べたが、各学校で毎年のように行なわれている研究授業

図8-1 教育研究論文の検索サイトアメリカ教育省のERIC

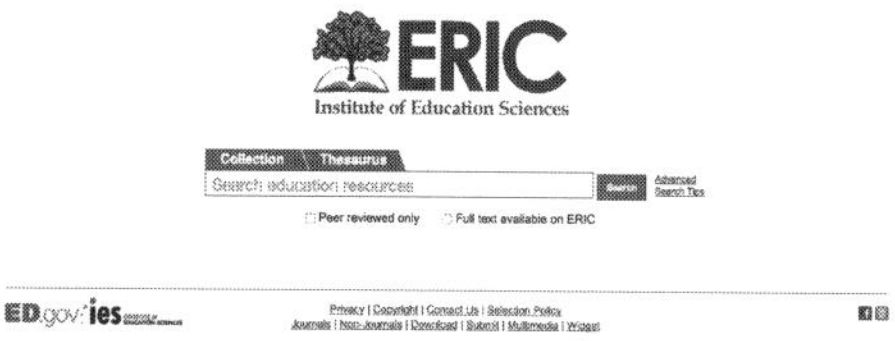

では、研究紀要や報告書として記録が残される。しかし、その記録をどうにかして手に入れ確認しない限り、どのような研究が行なわれているのかを知りようがない。そうしたデータベースがないから、毎年どこかの学校で同じような研究授業をやっていても、成果が積み上がっていかないのである。

もし、日本にもＥＲＩＣのようなものがあれば、研究授業をやる場合には、研究テーマに近い内容で過去にどんな研究授業がなされてきたのかを、そのデータベースで調べ、過去の研究授業の成果をさらに発展させるような研究授業を考えることが可能になるだろう。なかには、うまくいかなかった研究授業もあっただろう。何がうまくいかなかった原因だったのかの反省事項がデータベースにあれば、同じような研究授業を試みて、また同じように失敗してしまうなんてことも防げるだろう。しかし、そんなものはないのである。

でも、アメリカにはあるのだ。なぜ、アメリカ教育省にはできて、日本の文科省にはできないのかは考えてみる必要があると思う。アメリカ教育省は、ＥＲＩＣを１９９７年からウェブでデータベースとして公開してきている。文科省だけが悪いのではない。日本の教育関係者は20年間も、文科省にこういうデータベースを作るように要求してこなかっただけのことだ。小中学校や高等学校の教員も、誰もこうしたデータベースの存在を知らずに、国内どころか、校内だけを見て小さな山作りに励んできた。学校教員の視野が少しでも世界に向いていたなら、ERICに気づき、日本にもこんなデータベースが欲しいという声が上がったはずである。そして、そうした声があれば、文科省も重い腰を上げていただろう。

データベースとしてのERICそのものは、なんと1964年から作られていたのだ。もっとも、ワープロもなかった1960年代には、日本で研究授業の資料をデータベース化することは極めて困難だっただろうから、仕方がないことかもしれない。しかし、今やプリントはパソコンで作るのが当たり前の時代である。資料や論文をデータベース化することはすぐにでもできることである。未だに日本にこうしたデータベースが存在しないのは、できないから作れないのではなく、誰も必要としていないから誰も作らないのではないだろうか。

日本の教育関係者は国内しか見ていない。誰も世界を見ていない。日本で有名な教育関係者の論文がどれだけERICに収録されているか調べてみよう。愕然とするはずだ。日本の教育学者は、国際的にはほとんど無名である。英語で研究論文を書かないからである。「国内の教育は日本語で行なわれ、みな日本語で研究論文を読むのだから、あえて英語で書く必要がない」という言い訳がなされるかもしれないが「数学をより効果的に教える方法」が見つかったなら、それは世界中の数学教育に役立てるべきだろう。国際学力調査で上位を占めている国は、その効果的な教育を世界中の子どもたちのために活用するべきではないか。いじめを防ぐ教育的方策は、日本の学校でしか効果のないものなのだろうか。国内でしか通用しないような教育技術は、結局のところ、「思い込み」か「まやかし」かであって、本当は役に立たないものなのではないだろうか。

「証基教育」の「証拠」になるような科学的な事実なら、国に関係なく成り立つはずである。トヨタのクルマ作りの技術が、世界中のどこの工場でも使われているのは、それが本当に確かな技術だからだ。山中先生のiPS細胞も、青色発光ダイオードも、オートファジーも国内限定ではない。科学的事実とは普遍的なものだ。教育だけが例外のはずがない。結局は、この本全体のテーマである「教育の科学化」という問題につながる。日本の教育は科学化されていないのである。

教育の科学化と同時に教育の国際化も必要である。教員免許の更新の際に、わずか30時間の講習を受けるようにするよりも、10年ごとに1年間の海外研修にしたらどうだろう。全国の教員が約80万人だから、その10分の1で8万人の海外研修だとしても、8000億円程度で済む話だ。海外研修ではなく、海外教員との人事交流にすれば、海外に出かける教員の代わりに海外から同数の教員が来てくれるのだから、人件費はいらなくなる。渡航費だけなら400億円もあればできることになる。この制度を10年続ければ、ほぼ全教員が1年間海外生活を経験することになるから、学校での英語教育も劇的に改善されるだろう。小学校から英語教育を始めるよりもずっと効果的なはずだ。教員だけでなく、児童生徒の目も世界に向けられるようになるだろう。

2「こころのX線検査」の活用例

私たちが開発したFUMIEテストは、潜在連想構造を探るための検査法として世界で通用することを目指し、海外の学術誌に公刊した。ただ、第7章で述べたように、「〇×式」の活用がアダとなって今までのところ国外での活用例は少なく、イギリスやブラジルの大学で博士論文に活用された数例があるだけである。その他では、市場調査や企業戦略に関するドイツ語の本の中で引用されている。カーディフ大学のノーラン★1は、博士論文の中で「〇×式」を「✓×」式にしてFUMIEテストを用い、子どもに対する潜在連想構造を探っている。ノーランはイギリスにおける外国人移民労働者と難民とに対するイギリス人大学生の態度が、移民や難民に子どもを含めるか否かで違うかどうかを、種々の質問紙調査で調べる中で、潜在的指標の一つとしてFUMIEテストを活用したが、残念ながら、イギリス人大学生の子どもに対する潜在的態度は、移民や難民に対する態度にほとんど関係がなかった。このように、海外での活用例はまだまだ少ないが、台湾と韓国では「○×式」がそのまま使えそうなので、第7章で述べたように、まずは東アジアに「輸出」を考えているところである。

以下では、国内でFUMIEテストが活用された研究のうち、著者らによるものと、他の日本人研究者が活用し、論文として公刊されたものをいくつか紹介することにしたい。どの研究も、巻末の「実施マニュアル」の通りにFUMIEテストを用いているわけではない。どの研究目的にしたがって改変している点についても触れながら紹介するので、読者が活用する際の参考にしていただきたいと思う。

(1) 中学生の教科の好き嫌いと潜在意識の乖離

守・守(2007)[★2]では、中学生の「国語」「数学」「英語」の好悪をアンケートとFUMIEテストの両方で調べ、結果の比較をした。この研究では、中学校の1‐3年生全校生徒約1400人が被験者として参加している。こうした大量のデータが取得できるのが、FUMIEテストの最大の利点である。この研究では、FUMIEテスト用紙1枚で「国語」「数学」「英語」の3つのターゲット語が使えるよう、「20秒ずつを3行分」の代わりに「2行分」と

図 8-2 中学生の国語・英語・数学の好感度調査結果（守・守、2007）：アンケート調査（左）とFUMIEテスト（右）

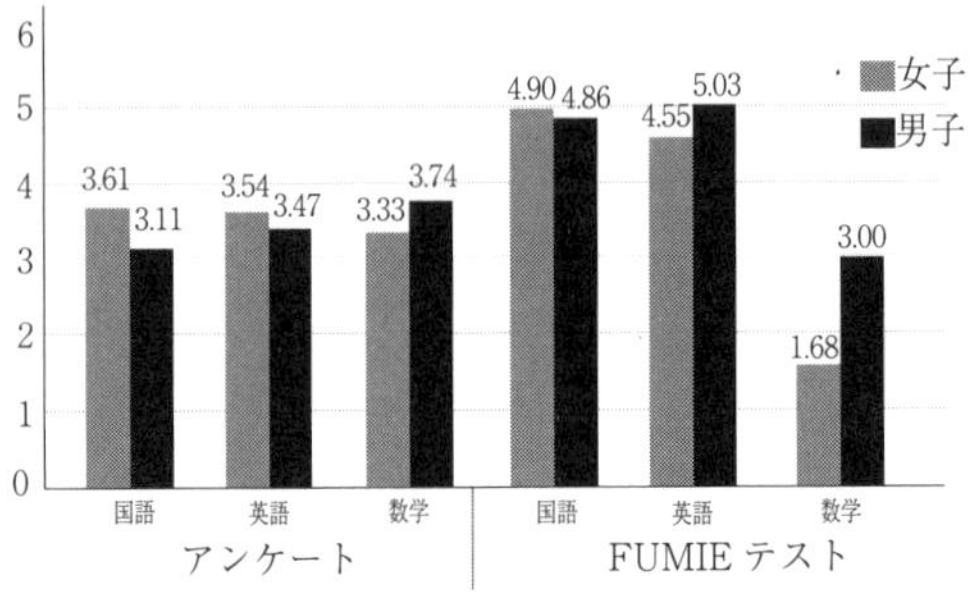

した。個々の生徒の潜在意識を探るというよりも、中学生全体での意識測定を目的としたものなので、個々の測定の精度よりも全体としての効率性を重視したからである。その結果、アンケート調査では「数学」に対する好悪に性差はみられなかったが、ＦＵＭＩＥテストでは「数学」に対する潜在意識が女子の方がより否定的であることが検出された。

この結果は、本書で詳しく述べてきた研究結果とも整合している。当初は、性役割ステレオタイプのせいで女子中学生に「偽装数学嫌い」が多く見られるのではないかと考えていたのだが、どうやら中学生の段階ではもう女子生徒の多くが「真の数学嫌い」になってしまっているようだ。一方で、男子はまだ「潜在的に数学を肯定している」生徒が多く、結果的に「偽装数学嫌い」も男子に多く存在することになった。今後は、小学校高学年での調査を行なって、「偽装算数嫌い」がいるかどうかや、男女での違いなどを探る必要があるだろう。

(2) 中学生の集団登山前後での「登山」に対する潜在意識の変化

内田・守(2013)★3は、中学生の「学校集団登山」について、登山の前後で登山に対する潜在意識が変化するのかどうかを、FUMIEテストによって調査した。通常、こうした調査にはアンケートが用いられるが、生徒が正直に回答するという保証がない。

長野県における集団登山は、多くの中学校で実施されている。時には乗鞍岳など3000m級の山に登る。登山は苦しいながらもほとんどの生徒が登頂に成功し、集団での達成感が味わえる貴重な機会であると考えられる。しかしながら、長野県総合山岳センターが2001年に行なったアンケートでは、「また登りたい」という生徒(19%)よりも、「二度と登りたくない」という生徒(29%)の方が多いという結果であった。本当に3割もの生徒が登山後に「二度と登りたくない」と思ってしまうのだろうか。

そこで、私たちは「登山」をターゲット語にしたFUMIEテストを使って、生徒たちのホンネを探ることを考えた。実際に乗鞍岳登山に参加した中学校2年生115名に対し、従来のアンケート調査に加えて登山の前後にFUMIEテストも実施した。その結果、登山後のアンケートで女子生徒は「登山は好きですか」という質問に否定的な回答の方が多いことがわかった。男子はほぼ中立であった。この結果は、長野県総合山岳センターの結果と同様である。一方、FUMIEテストの結果では、登山前に「登山」に対して否定的な潜在意識を持っていた生徒は、男女共、登山で山頂に立つという成功体験をすることで、「登山」に対する潜在意識を肯定的に変化させていたことがわかった。

（3）障害者に対する潜在的態度測定

京都大学の栗田[★4]は、博士論文の中で日本人の障害者に対する社会的態度についてＦＵＭＩＥテストを活用している。人種差別や障害者差別など、社会的弱者に対する態度の測定において、通常のアンケート調査を用いたのでは「社会的望ましさバイアス」のために回答が歪められることが多い。分別ある大人ならば、障害者に対して否定的な回答はしないものだからである。そのため、回答者の本心はなかなかつかむことができない。そこで、栗田は従来のアンケート調査に加えて、ＦＵＭＩＥテストによって１０９人の大学生が障害者をどう捉えているかを調査した。その結果、大学生はアンケートには障害者に対して好意的な回答をしていたが、ＦＵＭＩＥテストの結果は否定的であることがわかった。

栗田の調査では、「障害者」をターゲット語とする必要があった。ところが、「障害者」というターゲット語を通常のＦＵＭＩＥテストで使うと、「平和　失敗　障害者　幸福　借金　障害者　絶望　……」のように、２字熟語の評価語の中でターゲット語だけが３字熟語となって、目立ってしまうことになる。「障害者」の代わりに「障害」にする手もあるが、「障害者」

と「障害」では意味が違うため、それはふさわしくない。そこで、栗田は評価語もすべて3字熟語にすることでこの問題を解決した。そうはいっても、実は、評価語をすべて3字熟語にするのは簡単ではない。私たちが2字熟語で評価語を選定した際の手続き（第5章参照）を3字熟語で同じように繰り返せばいいのであるが、①対語になっていて、②誰もが良い意味・悪い意味の分類ができるような3字熟語はそうたくさんあるわけではないからである。

それでも、栗田はなんとか3字熟語で評価語を用意し、3字熟語版のFUMIEテストを作った。では、ターゲット語が「ブラジル人」のようにカタカナだったりする場合はどうしたらいいだろうか。同じようにカタカナを含む評価語が見つかるだろうか。実は、そうした場合でも、FUMIEテストは実施できる。ターゲット語が2字熟語にできない場合の対処方法については、巻末の「実施マニュアル」を参照していただきたい。

(4) 外国人に対する潜在的態度測定

信州大学の酒井と小池[★5]は、外国語としての英語を学ぶ日本人大学生が「外国人」に対して持つイメージが英語学習の意欲に影響しているかどうかの研究において、潜在イメージの測定にFUMIEテストを活用している。調査対象となったのは、71人の大学生で、アンケートにより、英語学習意欲や外国人に対する態度が尋ねられた。また、「外国人」をターゲット語にしたＦＵＭＩＥテストが実施された。その結果、外国人に対する態度と学習意欲との関連性は見い出せなかったが、外国人に対する態度は、アンケートとＦＵＭＩＥテストに食い違いが見られることがわかった。外国人に対する態度はアンケートでは中立的であったが、ＦＵＭＩＥテストでは肯定的であった。酒井らはそうした分析を行なっていないので明らかではないが、日本人の中に「偽装外国人嫌い」がいるのかもしれない。

3 その他の「こころのＸ線検査」の活用の可能性

「偽装数学嫌い」の検出の例と同様に、ＦＵＭＩＥテストの活用例として論文にまでなっているものは、みな「回答者が本心を見せたがらないこと」を調査するものである。しかし、ＦＵＭＩＥテストには、「回答者自身も気づいていないような潜在意識」もわかるという利点もあったはずである。こうした面での活用例はまだ公刊されたものは見当たらないが、活用の可能性を示すようなアイディアをいくつか紹介しておきたいと思う。

(1)「学校」に対して否定的な潜在イメージを持つ生徒への予防対策

中学校の入学時には、ガイダンスやオリエンテーションの他に、健康診断が行なわれるのが普通である。健康診断では、身体面での健康状況が調べられるが、心理面での健康状況を調べることはできないだろうか。中学校に入ってから、勉強や対人関係で不適応を起こし、欠席が増えたり、不登校になったりする生徒がいる。こうした生徒をできるだけ早く見つけて、適切な予防措置は取れないだろうか。

内田は、「学校」をターゲット語にしたFUMIEテストを入学時のガイダンスで行なうことで、入学当初から「学校」に否定的な潜在意識を持っている生徒が、その後、欠席しがちであることに気づいた。まだ、体系的なデータ採取に至っていないため、研究の芽生えの段階であるが、FUMIEテストのこうした活用方法も考えられる。

数年前まで、長野市の中学校では生徒の精神的な健康管理のために、早稲田大学の河村らが開発したQ－Uという質問紙式の心理検査を行なっていた。（今は、長野市独自の調査をパソコン室から入力する形で行なっている。）検査の発売元のウェブサイトには「Q－Uの目的」として、以下のような記述がある。

「最近ちょっと元気がないかな」「よく頑張っているな」などと、教師は子どもたちの成長を日々見守っています。しかし、観察だけではどうしても気づけない部分がありますす。また、大人からすると意外な感情を子どもが抱いている場合もあります。そのような教師の観察と子どもの実態のズレを補うのがQ－Uです。

このQ－Uは質問紙式ではあっても、質問項目を工夫することで、「教師の観察では気づけない」ような部分を見つけ出すことを目指しているのだろうが、FUMIEテストなら「本人も気づいていない」ような内面を探ることもできる。

潜在連想テストが、「自分」に関わる分類課題を用いることで、自己受容についての潜在構造を探り、それを臨床的に応用していたように、FUMIEテストでも「自分」をターゲット語にして、自己受容を探ることができるだろう。自己受容は、生活への適応状況の指標となることが多くの心理学研究で示されてきている。

こうした臨床的な応用には、個人個人について反応ごとの測定までができるパソコン版の潜在連想テストの方が適している。しかし、潜在連想テストを入学時にすべての生徒に実施することは困難である。ここで、健康診断における簡易胸部レントゲン検査がこの問題を解決するヒントとなる。簡易胸部レントゲン検査のように、まずは疑わしい生徒を検出し、その後でそうした生徒にだけ精密検査をするようにすればいいのである。まずは、FUMIEテストを全生徒対象に行ない、その中で詳しく調べる必要がある生徒だけについてパソコン版の潜在連想テストを実施するという2段階の手続きなら実施が

可能だろう。パソコン版の潜在連想テストは、児童相談所やいくつかの中核校に配置しておけば十分である。今後、こうした活用の可能性をさらに探求していきたい。

(2) 不登校児童生徒の「学校」に対する潜在イメージの変化

不幸にもすでに不登校になってしまった生徒に対して、FUMIEテストを活用することもできる。これは、まだ仮説を立てている段階のアイディアにすぎないが、可能性は十分にあると思う。それは、FUMIEテストで不登校生徒の潜在構造の変化を探るという活用方法である。

不登校の生徒に対してはスクールカウンセラーなどがカウンセリングなどを通して、学校復帰のための種々の働きかけをしている。不登校の原因が明らかになれば、それに対する対策も取られるだろう。しかし、最後に残るハードルは結局「生徒のこころ」である。生徒自身は「学校に行こう」「行きたい」と考えるようになっても、潜在意識の中で、まだ学校を受け入れられていないために、学校に行けないという状態が続くことになる。

カウンセラーは、箱庭療法やPFスタディなどの投影法的テクニックを用いて、生徒の内面を探ろうとするが、FUMIEテストを活用するのも一つの方法であると考えられる。たとえば、不登校の子どもは「学校」に対する潜在的イメージが否定的であることが予想される。ＦＵＭＩＥテストでそれを測定し、その否定的イメージがいろいろな対策によってどう変化するかを数値として表せれば、どの対策が有効であるかを知ることができるだろう。

ＦＵＭＩＥテストのこうした活用には、少なくとも以下のような利点が考えられる。まず、不登校生徒本人にとって、自分の潜在意識の現状を知ることができる。そして、潜在連想指数が改善していることがわかれば、希望が持てるようになる。同じことは、スクールカウンセラーにも利点となるだろう。生徒の現状を知り、働きかけに効果があったのかどうかがわかるからである。もし、指数に改善が見られれば、カウンセラーにとっても張り合いになるだろう。家からまったく出られなかった子どもが、通学路の途中までなら行けるようになる。クラスには行けないまでも、学校の保健室までなら行ける、など改善を示す変化が行動にまで現れてくれれば、本人にとってもカウンセラーにとっても、それが励みになってさらに改善が進むだろう。しかし、そうした進展が目に見えるようになる前にも、心の中の変化が起こっているはずである。ただ、そうした変化を感知する方法がなかったのである。折れた骨の治り具合がX線検査でわかるように、生徒のこころの変化がＦＵＭＩＥテストでわかることはこうした状況で特に有益である。

(3)「ひらめき☆ときめきサイエンス」の効果の科学的検証

文科省所管の独立行政法人である日本学術振興会は、科学研究費補助金(「科研費」)の事務を担当しているが、「科研費」によって行なわれた研究成果を、小学校高学年から高校生までの子どもたちにわかりやすく紹介することで、科学のおもしろさを感じてもらうための事業も行なっている。それが「小・中・高校生のためのプログラム ひらめき☆ときめきサイエンス」である。

科学のおもしろさを次の世代を担う子どもたちに体験を通して感じてもらうという素晴らしい試みであるが、皮肉なことに、こうしたプログラムで本当に子どもたちが科学のおもしろさを感じたのかどうかが「科学的に検証」されているわけではない。ほとんどの場合、プログラムに参加した子どもたちに事後のアンケートがなされるだけである。そして、そのアンケートにほとんどの参加者は「おもしろかった」と回答するであろう。でも、そのことでもって「このプログラムによって子どもたちに科学のおもしろさを感じさせることができた」と結論するのは科学ではない。

ランダム化比較対照実験までする必要はないとしても、せめて、プログラムの参加前と参加後に「科学」をターゲット語にしたFUMIEテストを行なったらどうだろうか。プログラム参加後に、「科学」に対する潜在イメージがより肯定的に変化したことが確認できれば、プログラムの効果があったことが「科学的に検証」できたと言える。アンケートだけでは、仮にプログラムの前後で「科学はおもしろいと思いますか」という質問をして変化を見ようとしても、もともと「科学がおもしろい」と思っている子どもが参加するのだから、ほとんど回答に変化はないだろう。それに加えて、子どもであっても、事後のアンケートには「社会的望ましさバイアス」がかかった回答をするかもしれない。

(4) 中学生の潜在的な価値観：中学生にとって一番「良いイメージ」のもの

第5章では，現在FUMIEテストの基準値を作成中であることを紹介した。図8-3のグラフは、中学生における基準値の測定結果である。「戦争」に対する潜在意識が否定的ではあるが、限りなく「0」に近いのは、第5章で紹介した男子大学生と同じ傾向である。「平和」に対する潜在意識は肯定的であり、基準値のなかでも高い方になると思われる。「平和」については強く肯定的であるのに、「戦争」については否定の度合いが低いのはなぜだろうか。大いに興味がわくところである。「平和」の尊さはイメージできるが、「戦争」の悲惨さはイメージできないのかもしれない。

小学校でも中学校でも平和教育が行なわれているが、その効果は調べられていない。せいぜいが感想文を書かせる程度である。平和教育の前後でFUMIEテストを実施し、「平

図8-3 中学生男女による潜在連想指数の基準値

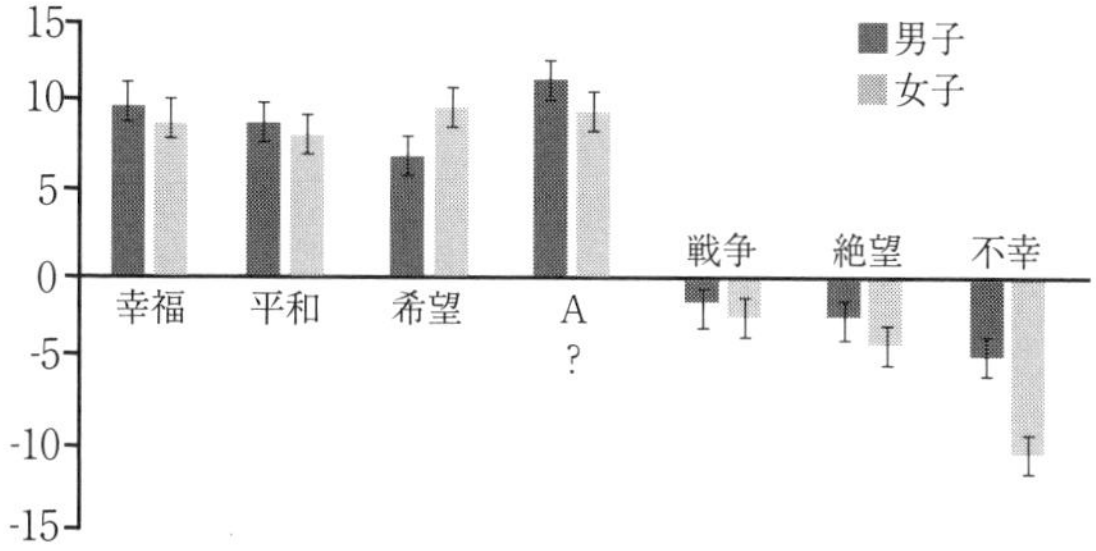

和」と「戦争」に対する潜在意識の変化をみれば、平和教育の効果が科学的に検証できるだろう。また、「平和」や「戦争」に対する潜在イメージには、当然、地域性もあるだろう。「戦争」の悲惨さが常に意識されている地域では、「戦争」に対する潜在意識は否定的でその割合も大きいのかもしれない。しかし、それを客観的に測定して比較したような研究は皆無である。本書を読んでくださっている先生方に協力していただければ、「平和」と「戦争」に対する潜在意識の地域差を明らかにすることができる。

さて、このグラフには項目名を隠し「A」とした項目がある。この項目は、「幸福」や「希望」よりも高い潜在連想指数となっている。中学生にとって、「幸福」や「希望」よりも良い潜在イメージをもった言葉があるのである。この「A」はいったい何だろう。次のページの正解を見る前に、いったいどんな言葉が中学生にとって、最も高い潜在連想指数となるのかを予想していただきたい。

実は、中学生にとって最も高い潜在連想指数となったターゲット語は、「自分」であった。中学生にとって、「幸福」や「希望」よりも○をつけるのが速くでき、×をつけるのに時間がかかる言葉は「自分」なのである。

さて、平成28年10月28日に開催された第38回教育再生実行会議では、「諸外国と比べ、我が国の子どもたちは、学力がトップレベルであるにもかかわらず、自己に対する肯定的な評価（自己肯定感）が低い状況にある」と報告されている。そして、「将来の日本を担う子どもたちが、自分の価値を認識して、相手の価値を尊重するとともに、リラックスしながら他者と協働して、自分の可能性に積極的に挑戦し、充実した人生を歩めるよう、我が国の子どもたちの自己肯定感が低い要因を分析するとともに、必要な対応策を検討する」と文部科学省における検討体制を作ることを報告している。

しかし、FUMIEテストによる潜在意識では、中学生の「自分」肯定感はトップレベルであった。日本の中学生は「自己に対する肯定的な評価が低い」わけではない。文科省の報告は、自己報告型のアンケートによる諸調査に基づいたものであり、そのアンケートでは、自己肯定感が低いという結果になっていただけなのだ。これは、「偽装数学嫌い」とまったく同じ図式である。日本の子どもたちは「自分嫌い」を偽装しているのかもしれない。

中学生が抱える種々の問題についても、アンケートで調べられるような表面的な兆候だけではなく、生徒の心の内面にまで迫る調査が必要である。FUMIEテストは、こうした領域でも従来のアンケート調査の弱点を補完する調査方法として活用できるだろう。日本の子どもたちの「偽装自分嫌い」の検出と救出が、これからの大きな研究課題になることを期待している。そのためにも、FUMIEテストの普及とデータの蓄積に努めていきたいと考えている。

4「こころのX線検査」という新しいツール

潜在連想テストやそれの改良版であるFUMIEテストなどを使うことで、生徒が正面切ってホンネが言えない状況でも、そのホンネを探ることができるようになった。本書で紹介した研究で言えば、数学嫌いの中学生の中には、まだ完全に数学嫌いになったわけではなく、成績が振るわないことの言い訳のために、偽装している生徒がいることを見つけ出すことができる。あるいは、意識的に偽装しているわけではなくとも、潜在意識と自覚的な行動との間に乖離《かいり》が見られるような場合もあることを知ることもできる。

生徒たちがホンネを言えない状況に置かれていたり、本人でも自分の潜在意識に気づいていなかったりすることについて、従来の教育実践活動ではあまりに無頓着であった。もっとも、潜在意識を測れるような手法がなかったのだから、仕方がないことでもある。しかし、ＦＵＭＩＥテストを使えば、ある程度、生徒のホンネを探ることができるようになった。

数学嫌いの生徒への対策も、従来は、アンケート結果をそのまま信用した上でのものだった。しかし、生徒のホンネは違う可能性があり、そうだとするとその対策自体を見直していかねばならないだろう。まず出発点として、生徒たちが本当に数学を嫌っているのかどうかを疑う必要がある。本当はそんなに嫌いなわけではないにもかかわらず、「嫌い」と言わざるを得ない状況がないかどうか、慎重に検討してみる必要があるだろう。

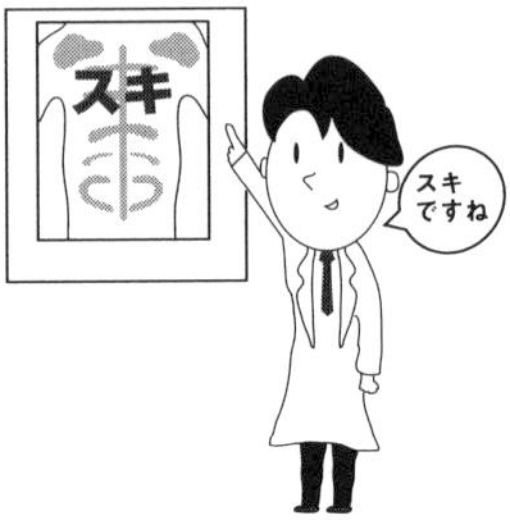

現状を正しく診断できない状況では、正しい「処方箋」は書けない。このことは、本当は骨にヒビが入っているのに、強がって痛みを堪えている患者でも、Ｘ線で調べることで正しい診断ができることに例えられる。本書で紹介してきたＦＵＭＩＥテストなどの潜在指標測定技法は、ちょうど「こころのＸ線」のようなものである。なかでもＦＵＭＩＥテストは実施方法も簡便で、従来のアンケート調査を行なう際に、付加的に実施することができる。つまり、今までアンケートを実施してきたような事柄について、ＦＵＭＩＥテストを併用でき

るということだ。そして、FUMIEテストはアンケートの持つ2つの弱点を補うことができるものでもある。今後、FUMIEテストを活用することで、今まで捉えることができなかった生徒の潜在意識を知り、教育実践に活かしていくことが望まれる。

第9章 教育の科学的研究の重要性

――まとめに代えて

この最終章では、教育の科学化について、歴史的な経緯を振り返りながら、その重要性を再度述べたい。科学とは結局のところ実験をすることである。なぜ、実験が必要なのか、教育に科学的な実験を導入することの意義や可能性を、人について科学的に研究する学問分野である心理学と、そこから生まれた教育心理学の歴史を概観しながら論じる。最後に、証基教育のためには、学校で実験を行なうことが不可欠であることを述べ、学校教育現場の教員たちや教育政策に関わる人々の理解を求めたい。学校教育における思い込みを一つずつ科学的に検証することでこそ、学校教育の真の改善ができる。それが証基教育を推進すべき理由である。

1 教育の科学化

教育を科学化するとはどういうことだろうか。「科学」という言葉は、あまりにいろいろなところで使われすぎているために、何を意味するのかがわからなくなってしまっている。それでも、一般には科学というと、物理学や化学といった理系のイメージを持つ言葉だろうと思う。一方で教育は人を相手にするものであり、文系のイメージが強い。現に、大学受験での文理選択においても、教育学部を目指す生徒は文系コースとなっている。子どもたちに国語を教えるような、どう考えても文系の活動をどう科学化するのだろうか。

科学は science という英語の訳語として明治時代に西周が作り出した言葉であるとされている。英語の science はラテン語で知識を表す scientia から来ているので、結局のところ「知識体系」や「学問的知識」というような意味である。そこで、科学の広い意味ではほとんどの学問が科学ということになる。学問分野を大きく自然科学、社会科学、人文科学の3つに分けたりする際の、それぞれの「○○科学」はまさにこの意味で使われている。しかし、私たちが一般に考える理系のイメージを持つ科学はもっと狭い意味で使われている。だが、科学＝自然科学としてしまったのでは、教育の科学化とはどういうことかはわからないままになってしまう。

堂々めぐりのような定義になるが、「科学とは科学的な方法で研究される学問である」という定義が一番適切なものだろう。そして、この定義に従えば、「教育の科学化」の意味もわかる。「教育の科学化」とは「教育を科学的な研究方法で研究すること」と言い換えられるからである。では、「科学的な方法」とは何だろう。それは、実験することである。実験によって得られた証拠に基づいて学問体系を構築することが科学の方法である。つまり、「教育を科学化すること」というのは、「教育にランダム化比較対照実験を導入すること」なのである。そして、科学化された教育を行なうことが証基教育なのだ。

2 ランダム化も比較対照も科学の常識

証基教育での証拠とはランダム化比較対照実験によって見出されたものでなければならない、ということを繰り返し述べてきた。そして、それは教育の科学化のためであることも強調してきた。しかし、教育や医療以外の科学、たとえば物理学や生物学においても、ランダム化比較対照実験が行なわれているのだろうか。そうした誰の目にも明らかな科学における実験と、教育や医療における実験とは同じものなのだろうか。実は、物理学の実験も教育の実験も本質的には同じものである。しかし、いわゆる科学実験の場合には、あえて「ランダム化」「比較対照」実験といった付加的なことを言わないだけのことである。なぜなら、科学の実験ではランダム化や比較対照は当然のことであって、特別に強調するまでもないからである。

(1) 比較対照条件の重要性

科学の実験と言っても難しいことではない。小中学校での理科の実験を思い出してもらえばよい。「理科」とは「科学」である。水酸化ナトリウムと塩酸を混ぜると食塩ができる実験を考えてみよう。この実験では、2つの物質を混ぜることが原因となって、別の物質が生成されるという結果の確認をして（証拠づけて）いたわけである。では、この実験で比較対照となっていたのはなんだったのだろうか。それは「2つの物質を混ぜない」ことである。水酸化ナトリウムと塩酸は別々の容器に保管されていて、実験の時にはじめて2つが混ぜられる。比較対照となる「混ぜない場合」というのはあまりに当然すぎて、特に「比較対照」するまでもなかったのだ。

しかし、これを教育研究に置き換えてみれば、これがランダム化比較対照実験と同じことであることがわかる。ある新しい教授方法の効果を科学的に検証する実験を考えてみよう。新しい教授法で実際に教えてみることが水酸化ナトリウムと塩酸を混ぜることに相当する。そして、比較対照のために別の子どもたちには従来の教授法で教えることが混ぜ合わせないことに相当する。どちらの実験でも、「特に何もしない場合」と比較して、「何かした場合」に何か違いが生じるかどうかを調べていることになる。教育の実験では「特に何もしない場合」というのは、「従来通りの教育を行なう場合」であり、理科の実験では「2つの物質を混ぜないままにする場合」だっただけのことだ。

高校の物理の実験では比較対照がもっと明確になっていた。力学台車にいろいろな重さの重りを乗せて別の止まっている台車にぶつけた時、ぶつける方の台車の総重量の違いが、ぶつけられた台車の動きにどう違いを及ぼすかを調べる実験では、ぶつけられる方の台車の重さを一定にしておいて、ぶつける方の台車の重さをいろいろに変えて、比較対照させていたのである。教育の実験でも、複数の比較対照条件を用いるものがある。ご褒美を与えることが子どもたちの学習時間にどう影響するかを調べるために、ご褒美を与えるか与えないかの比較だけでなく、ご褒美の金額をいろいろに変えて比較する実験をやるとすれば、それは物理の力学実験の例と同じことをしていることになる。

(2) ランダム化が必要な人文社会科学系の実験

では、「ランダム化」はどうだったのだろうか。理科の実験では、薬品を混ぜ合わせる際に、混ぜるか混ぜないかを「くじ引き」で決めたりしない。力学台車もぶつける方とぶつけられる方をくじ引きで決めたわけでもない。「従来通りに教えてきていたクラスで、新しい教え方をしたら、効果が上がった」という日常的な実践（実験ではない）ではなぜいけないのだろうか？　従来通りに薬品庫に置いてあった2つの薬品」を「新しく混ぜてみたら、別の物質に変わった」という実験と同じことではないか。

教育実験や、医療における実験において、ランダム化が必要になるのは、理科の実験のような「純粋な条件」が得られないからである。水酸化ナトリウム溶液には水酸化ナトリウムと水だけしか入ってなく、塩酸も同様である。しかし、ある教授法で教えられる前の子どもの頭の中にAとBの溶液だけが分離して入っていて、その教授法によって2つの溶液が脳の中で混ぜ合わされるわけではない。医療の例で言えば、癌の細胞だけを取り出すことが可能であり、特定の薬でその癌細胞だけを殺すことを確認する実験ができる。しかし、それは細胞だけを取り出して行なう実験だからできることで、その薬を実際に患者に使う場合には話は単純ではない。実際に患者に使ってみた場合、すべての患者に効果があるような薬なら話は簡単であるが、そうした素晴らしい薬が見つかることはほとんどない。従来の薬に比べて「改善が見られる」程度であるのが普通だ。つまり、食塩ができるかできないか、のようにハッキリと治るか治らないかに2分できるような結果は期待できないのである。教育の実験も同様だ。

なぜ、ハッキリとした結果が得られないのだろう。それは、教育や医療など人が関わる実験では、研究者が調べようとする要因（教授法や薬の効果）の他に、多くの関連する要因が結果に複雑に影響するからである。ある教授法で教えられた子どもの成績が上がったとしても、その子は最近勉強がおもしろく感じられるようになっていたところで、たまたまそれが成績に現れだしただけのことかもしれない。別の子どもでは、確かにその教授法が効果的だったのだが、その子はたまたま体調がすぐれない時期だったために、成績が上がらなかった可能性もある。（その教授法で教えてもらえてなければ、もっと下がったはずの成績が下がらずに済んだのは、新しい教授法のおかげだったのだが、それは結果としては現れてこなかった。）

そう、人は「みんなちがって、みんないい」（金子みすず）なのである。だから、人間一人ひとりの個性を尊重する教育者や臨床家たちは、科学的な研究に批判的である。教授法の効果は子どもたち一人ひとりでそれぞれ違うはずなので、それぞれの子どもごとにいろいろな教え方を試してみる以外にないと彼らは主張する。医療だって同様である。だからこそ、今までも医療や教育は科学化されてこなかったのである。

しかし、ランダム化という手続きによって、この問題は解決できる。確かに、ある教授方法の効果を調べようとしても、子どもたち一人ひとりはそれぞれに違う要因を持っていて、その影響が結果を左右してしまう。しかし、「最近勉強がおもしろく感じられるようになってきている子ども」は一人だけというわけではない。体調を崩す子どもも一人だけではない。そうした個々の事情を抱えた子どもたちが存在することを前提とした上で、そうした「錯乱要因」が実験結果にできるだけ影響しないようにするための手続きが「ランダム化」なのである。たとえば、子どもたちをくじ引きで（つまり、ランダムに）2つのグループに分ければ、「最近勉強がおもしろく感じられるようになってきている子ども」のうちの半数は一つのグループに入り、残りの半数は別のグループに入るだろう。体調が悪い子どもも、両方のグループに半数ずつに分かれることになるだろう。この他にも、結果に影響を与える可能性のあるいろいろな「事情」があるかもしれないが、ランダムに分けることで、そうした事情の影響は両方のグループに均等に影響を与えるようになって、結果的に打ち消しあってしまうと考えられる。「そうは言っても、いつもそう都合よく行くはずはない」と思うかもしれないが、ある程度の人数で実験をすることにすれば、ほぼ確実に錯乱要因の効果を打ち消すことができることが統計学的にわかっているのである。

だからこそ、ランダム化比較対照実験が重要視されるのだ。さらに言えば、実験を巧みにデザインすることで錯乱要因の影響を小さくすることができる。実験デザインの工夫で、今まで錯乱要因に隠されてきたことを、いかに検出できるかを考えることは研究者の「腕の見せどころ」でもある。「人は一人ひとり違うんだから実験してもダメだ」と諦めるのではなく、工夫に工夫を重ねて、実験で「証拠」を見出すことこそが、科学であり、科学者の仕事なのである。実験こそが科学の王道なのである。

3 実験を120年以上前に導入した心理学

学部時代に心理学を専攻した内田や守は、学部2年生のときに「心理学実験実習」という必修の授業を履修した。前述のように心理学における実験とはランダム化比較対照実験のことである。全国のどの大学でも、心理学を学科名・専攻名に掲げる学科や専攻では、心理学実験実習は必修であり、心理学カリキュラムの根幹をなすものとなっている。日本心理学会が「大学で心理学を履修したとみなす」資格である「認定心理士」の要件にも、「心理学実験実習を4単位履修すること」が必須とされている。極論すれば、大学で心理学を専攻するということは、実験（ランダム化比較対照実験）をどう行なうかを実習することなのである。

心理学専攻のこうした特徴は、もちろん日本に限ったことではない。世界中の大学においても、心理学専攻学生は、心理学実験に習熟することが必須条件とされる。世界中の心理学専攻学生にとって、ランダム化比較対照実験手法を身に付けることは当然であり、だからいちいち「ランダム化……」などとは呼ばない。単に「実験」と言えば、ランダム化することも、比較対照を設けることも、すべて含まれるからである。

心理学の根幹が実験であることは、「学問としての心理学の始まり」が、1879年のドイツ・ライプチヒでのヴントによる心理学実験室の創設とされることからも、明白である。

ウィルヘルム・ヴント（Wilhelm Wundt［1832-1920］）は、当時、急速に科学化が進められていた生理学に倣って、心理学にも科学的な研究方法が必要であると考え、心理学の諸現象を科学的な実験を通して解明することを始めたのである。この新しい科学的心理学は「実験心理学」と呼ばれることもあり、今も、伝統ある心理学研究誌に「実験心理学（Experimental Psychology）」という名前が残っている。しかし、科学的心理学ではほとんどの研究分野でも実験（もちろん、ランダム化比較対照実験のこと）を用いるのは当然である。名前に実験がついていなくても、発達心理学も、教育心理学も、社会心理学も、認知心理学も、その基本的研究方法は実験であることに変わりはない。

ただし、日本では臨床心理学だけは例外となっている。「日本では」としたのは、日本の臨床心理学だけが特殊であるからである。日本の臨床心理学は、科学的であることをあえて拒否しようとしているように見える。「人の心が実験や統計でわかってたまるか」「心の悩みを抱える人は、一人ひとりみな違う存在であり、それを複数集めて、ランダムに2分する研究手法が使えるはずがない」という主張もわからないではないが、それでも世界の臨床心理学の潮流は実験による証拠を求めるものになっている。アメリカ心理科学協会（Association for Psychological Science）の機関誌の一つ『臨床心理科学（Clinical Psychological Science）』には実験（ランダム化比較対照実験）による研究論文が多数掲載されている。日本でも、一部の研究者は「証拠に基づく臨床心理学」の推進に努力している（丹野★1，2001）。「証拠に基づく臨床心理学」とは科学化が不十分な臨床心理学を科学化することでもある。

4「教育の科学化」と実験教育学・教育心理学

「心理学の父」ヴントが、生理学の科学化に触発されて実験心理学を創始したのと同様に、心理学の科学化（実験を研究方法に取り入れること）は教育学にも影響を与えた。ヴントと同じドイツの教育学者だったエルンスト・モイマン（Ernst Meumann［1862-1915］）は、心理学と同様に教育学にも実験的研究を導入して「教育学の科学化」を目指し、「実験教育学」を提唱した。

しかし、教育の研究に実験を取り入れようとした試み、実験教育学は、大きな広がりを生み出すには至らなかった。一方で、実験心理学は大成功を収め、やがてヨーロッパからアメリカへと広がっていった。なかでも、心理学の科学化に絶大な貢献をしたのが、アメリカで誕生した行動主義心理学だった。アメリカの心理学者ワトソン（John B. Watson［1878-1958］）は、心理学が科学となるためには、実験を取り入れるだけでなく、研究対象そのものを科学に適したものに変える必要があると考えた。それは、目に見えない「心」ではなく、誰の目にも明らかな「行動」を研究対象とすることだった。たとえば、ある男性がある女性に「恋心」を抱いていたとしよう。この男性の「心」は見えないが、この男性の「行動」から周囲の人々はそれを知ることができる。恋心の対象となっている女性にとっても同じことである。どんなにその男性が強く恋心を抱いていても、その想いは伝わらない。しかし、その男性が何かプレゼントをあげたり、デートに誘ったりという「行動」をとれば、恋心は確実に伝わる。

行動主義心理学は20世紀初頭の大学教育の発展と機を合わせてアメリカ全土に急速に広がり、科学的な学問分野としての確固たる基盤を形成した。アメリカ心理学の人文社会科学全般への影響力も極めて大きく、アメリカ心理学会（American Psychological Association）の論文執筆フォーマットが全世界の人文社会科学系学術誌の標準となっている。行動主義心理学は、近接の学問領域を取り込んで「行動科学（Behavioral Sciences）」という学際的学問領域を生み出した。その後、20世紀の後半に少し揺り戻しがきて、行動の過度の重視と、人間の内面（「心」）の無視への反省がなされるようになった。行動だけを研究しているのでは、人間の最も特徴的な性質である知的な部分が研究できないからである。行動主義心理学が全盛の時代には、心理学実験室はネズミやハトなどの動物で埋め尽くされていた。「心」ではなく「行動」を研究するのなら、研究に使うのは人間でなくても良かったからである。

人間の知的活動を科学的に研究するための状況にも大きな進展があった。それは、コンピュータの発明と急速な発展である。今となっては、コンピュータのない生活が想像できないくらいであるが、コンピュータが進歩普及したのはこの40年ほどのことである。本書の著者の一人守の大学生時代（1970-1974年）もコンピュータは大学に1台しかなく、ごく一部の利用希望者が計算のためのプログラムとデータをカードに打ち込んで窓口に渡し、計算結果だけを受け取るような状態だった。（そうそう、当時は計算をするだけの機械だったので、「コンピュータ」と呼ぶよりも「電子計算機」と呼んでいたように思う。）

話を20世紀の初頭に戻そう。ドイツの教育学者モイマンによる「実験教育学」の試みはうまく行かなかったが、同じような試みがアメリカ行動主義心理学者の中からも起こってきた。実験を研究方法の中核に置いて、人間の種々の行動を通して人間の心を研究するという研究手法は、人間の教育的な行動にも当然適用が可能だったからである。なかでも、ネズミやハトを使った動物の学習行動の研究から、動物が経験を通して、いかに新しい行動を獲得するかがよくわかってきた。当時の動物学習研究者たちは、「学習の原理」を見つけ出したとさえ考えていた。だったら、人間も動物の一種である、同じ学習の原理が人間にも当てはまるはずである。そこで、アメリカの心理学者ソーンダイクは、行動主義心理学の研究成果のうち、人間の教育に役立つ事柄をまとめ上げて、「教育心理学」という新しい学問分野を創設した。

5 教育心理学の停滞と復権

「教育心理学の父」ソーンダイク（Edward L. Thorndike〔1874-1949〕）はネコを使って学習の原理を研究していた行動主義心理学者だった。檻に閉じ込められたネコは、檻の中であちこちを引っ掻き回すうちに、偶然、檻の鍵を外してドアを開けることができる。こうした偶然によってでも、望ましい結果が得られると、ネコは同じ状況に置かれた際に、同じような行動を取ることで檻の鍵を外せるようになる。つまり、ネコは鍵を引っ掛けば、ドアが開くことを学習したのである。

こうしたネコの行動からソーンダイクが導き出した「学習の原理」は試行錯誤によって学習がなされるということであった。この「試行錯誤」という用語は、原語の trial and error をそのまま訳したものである。英語の trial とは「試してみること」であり、error はもちろん「間違えること」である。行動主義心理学全盛の時代には、外に現れた行動だけが研究対象であり、ネコがあちこちをデタラメに引っ掻く行為（試行）とそれが失敗に終わること（錯誤）をただ繰り返すだけでも、偶然うまくいき、引っ掻くという行動が強化される（学習理論の用語で「特定の状況と行動との結びつきが強まる」）のだというのが、ソーンダイクの主張であった。しかし、どうやら trial の訳語の「試行」が日本ではたまたま考えるという意味の「思考」と同じ音だったために、両者が混同され、その結果、「試行錯誤」の意味も間違って広まってしまった。本来の意味は、「何も考えずにデタラメにやる」という意味だったのだが、今ではほとんどの人が「いろいろと考えながら工夫と失敗を繰り返す」という意味でこの言葉を使っている。そのため、よく「思考錯誤」と書き間違えることも多く、漢字の間違いは修正されるのだが、肝心の意味自体が間違っていることには誰も気づかない。試行錯誤で鍵を開けることに成功したネコは「いろいろ考えて工夫」した結果、鍵を開けられたわけではない。反対に、人間が「試行錯誤」する例を示すとすれば、「友達の住む高層マンションに来たものの、部屋番号を聞いてくるのを忘れていた。インターフォンの60個のボタンをメチャクチャに押していれば、そのうち友達の部屋に当たるだろう」というような場合である。こんな場合でさえ、実は人間は「試行錯誤」などしない。すべての部屋番号を網羅するよう、下から順番に規則的に押していくことにするだろう。ところが、「試行錯誤」しかできないネコは、こうした規則的なボタン押しさえ思いつかないのだ。

ネコと人間の賢さはこんなにも決定的に違う。にもかかわらず、ソーンダイクが創始した教育心理学では、ネコやネズミを使った実験から得られた証拠が、そのまま人間の子どもにも当てはまると考えられていたのだった。そんな教育心理学がうまくいくはずがなかった。それでも、こうした行動主義的教育心理学は、行動主義心理学が衰退する1980年くらいまでは、教育の幅広い領域に大きな影響を与え、何度も繰り返し漢字を書くドリル学習法や、スモールステップで少しずつ学習を進めるプログラム学習、英語学習のパターン・プラクティスなどの理論的根拠となっていた。また、教育心理学は戦後から20世紀末までの半世紀以上にわたって、教員免許を取得するための教職課程の必修科目でもあった。

しかし、おそらく実際の学校教育の場では大学で学んだ教育心理学はほとんど役に立たなかっただろう。今、教壇に立っている教員のほとんどが、採用試験が終わった時に教育心理学とは縁を切ってしまったにちがいない。そして、前世紀の末に、教員免許法が改正され、必修科目としての教育心理学はなくなった。その代わりに、「教育の基礎理論」の中の「幼児、児童及び生徒の心身の発達及び学習の過程」について学ぶ授業科目のうちの一つに位置付けられたものの、重要度の格付けは大きく下がった。教員採用試験でも、以前は教育心理学に関する問題が必ず数問は出題されたのだが、最近の長野県の教員採用試験では教育心理学に関わる出題もなくなった。

科学的な厳密さにこだわるあまり、客観的なデータが確実に採取できる動物実験で理論を構築し、それを無理やり人間にも適用してきたことは大きな間違いだった。だが、教育心理学のすべてを否定してしまうと、「教育を科学的に研究する」という大事な方針も失われてしまう。教育心理学を大きく格下げした1998年改正の教員免許法に基づく教職課程にも、つい最近改正された2016年版の教員免許法に基づく教職課程にも、教育を科学化するための科目はほとんど入っていない。思えば、イギリスやアメリカで教育の科学化が叫ばれ、法律が作られることになった20世紀末から21世紀初頭に、日本では教育心理学を見限る法律が作られたというのも皮肉なことである。(もっとも、ちょうどこの頃に守も日本教育心理学会と喧嘩して日本の教育心理学を見捨てることにしたのだが。)

この本は、教育心理学の復権を目指したものでもある。教育を科学化し、証基教育を推進するためには、ランダム化比較対照実験が不可欠である。それができるのは、心理学実験のトレーニングを受けた教育心理学者しかいないのだ。この本の著者の一人内田は、中学校の数学教師であるが、大学でも大学院でも教育心理学を専攻していた。中学校でも高校でもほとんどの数学教師は大学で数学を専攻した者である。数学が好きで大学でも数学を学び、数学の教師になった者に、数学嫌いの生徒の気持ちがわかるだろうか。だからと言って、数学が嫌いだった人が数学の教師になるべきだと言いたいのではない。自分が数学嫌いでなくても、生徒の気持ちを探る研究方法を知っていればいいのである。生徒の気持ちを科学的に解明するためにはどんな学問を学べばいいだろう。それは教育心理学(あるいは心理学)である。実は、心理学の研究者はやや自虐的なこんな言葉をよく口にする。「心理学者が研究対象としているのは、たいてい自分が苦手なこと、自分にできないことだ。」恋愛について研究している心理学研究者は，自身では恋愛が下手だったりする。数学に限らず，理科も体育も音楽も英語も，それが好きだった人だけが教員になるのではなく，理科嫌いや体育嫌いの子どもにもどう理科や体育を教えたらいいのかを科学的に研究することができる教師が必要である。

大学の教職課程にも，もっと教育心理学者が必要だと思う。この本の著者の一人である守は小規模な大学で小学校教員を養成する教育学部に勤務している。全部で18名の教員の中に学部や大学院で科学的な心理学のトレーニングを受けた者が6人いるため，他大学の教育学部より充実している。しかし，心理学の需要は多いために，特別支援教育，学校不適応対策，生徒指導，教育臨床などに分かれ，学生に証基教育やランダム化比較対照実験について教えているのは守一人だけである。そもそも，免許法が定める教職課程の授業の中に証基教育に関わるものがないのである。

一度信頼を失った教育心理学の復権には時間がかかるかもしれない。しかし，教育の科学化は，すでにイギリス，アメリカだけでなく，ＯＥＣＤ各国に広がり，日本の文科省も重い腰を上げ始めている。内田も守も教育心理学者として，教育の科学化のために努力していきたいと考えている。証基教育が日本に広く受け入れられるようになれば，教育心理学の復権もなされるであろう。新しく生まれ変わった教育心理学は証基教育の中核となる学問となるにちがいない。

6 学校におけるランダム化比較対照実験の重要性の理解と協力

最後に、証基教育のためには、学校で実験を行なうことが不可欠であることを述べ、学校教育現場の教員たちや教育政策に関わる人々の理解を求めたい。本書を読んでくださっている読者の中には、現職の教員や学校関係者の方々が含まれていると思う。校長や教頭などの管理職についている先生方や教育委員会の先生方もいらっしゃることだろう。そうした学校関係者の方々には、本書をここまで読んでいただいたことで証基教育の意義と重要性をご理解いただけたことと思う。そして、証基教育のためにはランダム化比較対照実験が不可欠であることもわかっていただけただろう。といっても、学校教育の中で気づいた種々の問題点について、その解決策をランダム化比較対照実験で検証してもらいたいと期待しているわけではない。そうした実験をデザインし、実施してデータを取り、それを分析するためには、それなりの知識や技術が必要であり、日々の教育活動の中でそうした技法を習得することは困難である。そこで、ぜひお願いしたいことは、そうした問題の解決策を科学的に検証するような実験を教育心理学者と共同で行なうことを考えていただきたいということである。さらには、教育心理学者が企画した実験研究への理解と協力もお願いしたいところである。結局のところ、証基教育を推進するためには、研究者と学校関係者とが協力し合うことが何よりも大切だからである。

一方、子どもたちを「実験台」にすることには保護者の同意も必要である。そのため、学校での実験への協力を学校長に依頼しても、保護者の反応を心配して、協力が断られることが多い。しかし、保護者の方々も教育をより良いものにしたいと考えているはずである。ただ、そのためには実験が必要なのだということまで理解している保護者はほとんどいないだろう。文科省でさえ、証基教育の重要性に最近になってやっと気づいたくらいである。だから仕方がない、と諦める前に、教育心理学者と一緒に保護者への十分な説明ができるような場を作ってほしい。もし、本書を読んでくださっている読者の中に、学校に通っているお子さんをお持ちの方々がいらしたら、実験の必要性を理解してもらえたと思う。同じような説明をすることで、保護者の方々に同意していただける可能性は、少なくとも皆無ではないと信じたい。

これから学校の教員になりたいと考えている若い読者には、大学時代に証基教育と、そのための実験手法について勉強をしておいてもらいたいと強く希望する。ランダム化比較対照実験を使った研究ができるようになるためには、専門的な知識と技能の習得や、実習による訓練が必要である。心理学専攻学生のレベルまでの習熟は困難であるとしても、証基教育のための基本的知識や技法がある程度でも習得できている教員が増えていけば、教育心理学者との共同研究もスムーズに行なえるようになるだろう。

私たちは科学万能の現代社会に生き、科学の進展による恩恵を受けている。そうした中で、教育の分野はまだ信じられないくらい科学化されていないのだ。一人ひとりの教員が日々使っている個々の教授方法をはじめ、自治体や国の教育政策に至るまで、教育に関わる多くのことが、個人的な経験や思い込みに基づくものでしかない。もちろん、思い込みであってもほとんどのものは正しいにちがいない。それでも、間違ったまま使い続けられている教育方法も少なくない。そうした思い込みを一つずつ科学的に検証することでこそ、学校教育の真の改善ができる。それが「証基教育」を推進すべき理由である。

最後までお読みいただき、感謝です。最後にもう一つだけ。現場の先生方、今までの教育方法の中に、ランダム化比較対照実験で得られた「証拠」を加えてみませんか？　料理の隠し味のように、今までとはひと味違った教育活動ができるはずです。ただし、本書で紹介した「証拠」はたったの一つです。今後、第2弾、第3弾と紹介できることを願っています。

付章

FUMIEテスト実施マニュアル

この実施マニュアルはあくまで、中学校での短時間での実施を想定している。大学生等で実施する場合は、適宜変更していただいても構わない。すぐにでもＦＵＭＩＥテストを実施してみたいという読者のために、まずは「標準版ＦＵＭＩＥテスト」として、①「数学」のような2字熟語のターゲット、②ターゲットは1つ、③実施対象は中学生以上、の実施手続きを紹介する。次に、実施後の④採点方法、を述べる。最後に、標準的スタイルで実施できない場合（ターゲットが2字熟語でない場合など）について、カスタム版を作成する手続きを紹介する。標準的なＦＵＭＩＥテスト用紙はエクセルシートとして守のホームページからダウンロードできる。第5章の最後に述べたように、種々のターゲット語をどのような年齢集団に実施すると、どの程度の潜在連想指数（IAQ_{100}）になるのかについてのデータを集め、潜在連想指数（IAQ_{100}）基準値表を充実させていきたいと考えている。ＦＵＭＩＥテストの実施後に実施結果を私たちにご連絡いただけると幸いである。

1 FUMIEテスト（1ターゲット、中学生以上用）の入手とテスト用紙の作成

（1）標準版FUMIEテストの入手

標準版のＦＵＭＩＥテスト用紙は、エクセルファイルになっており、以下のＵＲＬからダウンロードできる。テスト用紙用エクセルファイルの他に、テスト実施用のパワーポイントファイルも用意したので、これもダウンロードするとよい。（http://www.avis.ne.jp/~uriuri/kaz/fumie/index.html）上記ＵＲＬからのダウンロードがうまくいかない場合は、著者あてメール（kazuo.mori@t.matsu.ac.jp）で請求することもできる。

このエクセルファイルでは「ＦＵＭＩＥテスト」ではなく、「Ｆ－１テスト」という名称になっている。これは、第5章でも述べたように、学校などで実施するにあたって、これが「踏み絵」であるかのような誤解を受けることを避けるためである。そこで、検査対象者が直接目にする用紙などには「ＦＵＭＩＥテスト」という用語は使われていない。

（2）ターゲット語の置換

このエクセルファイルは、ターゲット語として「数学」が使われているので、エクセルの「検

索・置換」機能を使って、使用したいターゲット語に置き換えればよい。エクセルの画面上のメニューバーから、「編集」→「検索」→「置換」と進んで、「検索する文字列」に「数学」、「置換後の文字列」に新しいターゲット語を入力する。最後に、「すべて置換」ボタンをクリックすれば、用紙上部の「やり方」のセルの中の「数学」までちゃんと置換される。

(3) FUMI-Eテスト用紙の印刷

このエクセルシートはA4サイズで印刷されるようになっている。そこで、A4サイズでプリントアウトして、それをA3サイズに拡大コピーして（または印刷設定を変更してA3用紙に印刷して）テスト用紙とすることをオススメする。もっとも、大学生くらいまでの若い調査対象者なら、A4版のままでの小さい字でも問題なく読める。それでも、以下の回収方法などを考えると中学校ではA3サイズが良いと思われる。

2 FUMIEテストの実施

(1) FUMIEテストの配布と必要事項の記入

中学校で調査を実施する場合には、定期テストと同じ雰囲気を作ることをオススメしたい。その上で、定期テストを配布するのと同じ要領でＦＵＭＩＥテストを配布する。中学生は、必要事項を最初に書くことを繰り返し指導されているので、配布と同時に、整理番号と性別を記入する生徒がいたり、氏名を書く欄がないことを質問したりする生徒がいるかもしれない。そこで、以下の全体教示を行なう。

(2) 全体教示：インフォームド＝コンセント

実施の状況により、いろいろなやり方があるために、パワーポイントには含めてないが、ＦＵＭＩＥテストは潜在意識を検出する可能性があるものなので、あらかじめ以下のような説明をして、実施対象となる人々に同意を得た上で実施する必要がある。

参加の同意が得られないような場合でも、その場での退席は難しいので、調査が終わるまでその場にいて何らかの意思表示をさせることを考えたい。大学生などでは、参加に同意が得られない場合は、作業には参加してもらった上で、用紙を持ち帰るなどの対応を取る方法もある。しかし、中学生に、必要のない用紙を持ち帰るように指示しても、それを家まで持ち帰る生徒はほとんどいない。むしろ、以下の具体例に示すように、調査者が確実に回収してしまうことを推奨する。

具体的な説明の例：

これから実施していただく調査は、印刷された単語に○×をつける簡単な作業をしていただくものです。ゲーム感覚でなるべく速く、たくさんやってください。資料を整理するために必要となるので、用紙の右上に名簿番号と性別を記入してください。誰の調査用紙か特定されることはありませんし、学校の成績には一切影響を与えません。ただし、この調査によって、あなたが心の中で思っていることが明らかにされる可能性があります。そこで、参加したくない人は、参加しなくてかまいません。また、作業を始めた後でも、途中でやめたくなったら、いつでもやめてかまいません。その人は、何も書かずに提出するか、名簿番号欄に「×」をして提出して下さい。

大学生以上ならば、傍線部は次のような説明でも構わないだろう。

ただ、参加したくない人もどんな作業をするのかは体験していってください。テストにご協力いただける人は、テスト終了後に用紙を提出していただきますが、参加を希望しない人は、提出せずに用紙をそのままお持ち帰りください。

(3) FUMIEテスト実施用パワーポイント

公立中学校の教室でパワーポイントを中央の黒板に投影して授業を進めることはほとんどないだろう。ただ、初めてFUMIEテストを実施する場合や手順に不安を感じる場合は、教室に備え付けのテレビに映し出したり、プロジェクタを事前に準備したりして、パワーポイントが使える環境を作った上で、前記URLからパワーポイントファイルをダウンロードして使うことをお勧めしたい。このパワーポイントスライドには、「教示」も含まれているので、それを読み上げるだけでよい。教示後の、1行目の練習も含め、20秒の作業時間が自動計測されるようになっている。「はじめ」や「やめ」の音声までは出ないので、画面に合わせて、実施者が指示をすることになる。画面に「やめてください」と出てから、実施者が「やめ」という時間のロスを考えて、パワーポイントのタイミングは「19秒の遅延」に設定してある。一呼吸おいて「やめ」という感じで、すべての行を同じように実施する。

パワーポイントスライドの「教示」「ターゲット語」などを適宜変更して使う必要がある。

また、実施の前に、クリックや発声のタイミングなどを確認しておくことも推奨する。

(4) 練習試行：第1行目

全体教示とインフォームド＝コンセントの説明が済んだら、練習として1行目を実施する。これは本当に練習なので、テスト実施者もここで発声のタイミングを練習しておくとよい。

(5) 本番：第2－7行目

次の行から、「本番」となる。「本番」ではターゲット語に○をつける行と×をつける行を交互に3行分ずつ実施する。基本的には、パワーポイントスライドにある通りに教示を与えればよいが、○をつけるのか、×をつけるのかは少し強調する方がいいだろう。

注意したいこととして、6行目や7行目の教示で、つい「最後に」とか「これで最後」と言いたくなってしまうのだが、これを言ってはいけない。テスト用紙には練習用を含めて15行分が印刷してあり、8行目以降も作業ができるようになっている。そこで、作業は8行目以降も続くように見えるが、実際には、7行目で「突然」終了することになる。これは、「最終行」であることがわかると、「最後にもうひと頑張り」という心理が働くことを避けるための工夫である。（こうした「最後のひと頑張り」は「終末努力」と呼ばれる。内田クレペリン検査でも、こうした「終末努力」があることが標準的な反応パターンであるとされている。）

(6) 名簿番号・性別などの記入

最後に分析に使うために、名簿番号や性別を記入してあるかどうかを再度確認する。中学生は、必要事項を最初に書くことを指導されているが、時々書き忘れる生徒もいる。定期テストでさえ氏名を未記入のまま提出してしまう生徒もいるので再度確認したい。

(7) 回収

Ａ３サイズのＦＵＭＩＥテストを２つに折って一番後ろの生徒が回収するように指示を出す。その際、「見えないようにして折る」ように指示を出すことが大事である。中学生は自分のできが周りと比べてどうか気になる。また、やりたくないと意思表示をしている生徒がいることも考えられる。そして、一番後ろの生徒が回収し、調査者のところまで持ってきたら、「ありがとう」の一言を忘れずに！　この一言が、その後の調査に子どもたちが気持ちよく協力してくれるかどうかの分かれ目になるかもしれない。大学などでは、机の上に置いたまま退出させる方法も考えられるが、中学校では自分たちの教室が調査場所になることが多いので難しいだろう。

3 FUMIEテストの採点：各行の遂行数のカウント

(1) 遂行単語数を数える

まず初めに、各行でいくつの単語に○×がつけられたかを数える。用紙には、10単語ごとに縦に点線が印刷されているので、これを使うと楽に数えられる。数えた数値は、赤ペンなどで、用紙にそのまま書き込んでしまうのでかまわない。

○や×を完全に書き終わっていない場合でも、書き始めた形跡があれば、遂行したとみなす。(完全に書き終わった場合のみを数えるのでもいいのだが、基準が統一されていれば、最終的な分析結果には影響がない。)

(2)「誤答」や「回答とばし」の取り扱い

「誤答」の有無は考慮する必要がない。これは結果処理の効率上の便宜的な手続きであるが、各単語に正しく○×がついているかを確認する作業は省略しても、以後の処理にまったく影響しないと考えられるからだ。FUMIEテストの開発にあたって、回答者の5%程度をサンプリングして（=くじ引きで選んで）、約3000の回答の誤答発生率を調べてみたが、誤答は0・2%（= 8/3,222）しかなく、ほとんど無視できるレベルであった（Mori et al., 2008）。以前に作成した実施マニュアル（2015年版など）では、「全回答者の5%程度をサンプリングして、誤答率が5%を超えていないかどうか」を確認することを推奨していたが、よほど慎重を期す必要がある場合を除けば、誤答率の確認は不要である。

一方、左からすべての単語に○×をつけずに、いくつかの単語に飛び飛びに○×をつけているような「回答とばし」については特に取り扱い手続きを定めていない。大量の「回答飛ばし」や、規則的な「回答飛ばし」があるような場合は、そのデータそのものを削除してしまうのが合理的だろうと思う。

実施する行を間違えて、たとえば、5行目の代わりに6行目をやってしまい、結果的に5行目が「空行」になっているような場合は、○×が行ごとに交互になされている限りは、そのまま6行目を5行目として処理してよい。後続の行についても、そのまま順送りして処理することになる。

実施行を間違えたために、途中で作業を止めてしまった場合や、他の何らかの理由により、明らかに行の途中で作業を止めてしまったような場合は、その行はカウントせず、普通に遂行されている2行分を3行分に換算するという対応が可能である。ＦＵＭＩＥテストの実施目的との兼ね合いになるが、わずかなデータの欠損で、データすべてを廃棄してしまうよりも、ＦＵＭＩＥテストの原理にしたがって合理的な換算をする方が望ましいと考える。

4 潜在連想指数（IAQ_{100}）の算出

(1) 各行の課題遂行数をエクセルに入力

以下の作業は手計算でも可能であるが、エクセルを使う方が簡単である。採点用のエクセルシートもテスト用紙と同様に、上述のＵＲＬからダウンロードできるので、それを活用していただきたい。練習行を含む、７行分の課題遂行数をエクセルシートに入力する。実際には、練習行のデータは最終的な潜在連想指数（IAQ_{100}）の算出には使わないのだが、たいした手間ではないので、練習行も含めてエクセルに入力しておくことをお勧めする。

(2) 潜在連想指数（IAQ_{100}）の算出式

回答者の潜在連想構造から、ターゲットに対する潜在的なイメージの推測値となる潜在連想指数（IAQ_{100}）は、表10-1の算出式で計算する。前述のエクセルシートを使えば、各行の遂行数を入力した時点で、潜在連想指数（IAQ_{100}）が自動的に算出されるようになっている。

この潜在連想指数（IAQ_{100}）は、「100単語分の課題を実施した際の遂行数の差」に相当し、直感的にわかりやすいと思う。

著者らの先行研究では、単に○をつける課題の遂行数から×をつける課題の遂行数を引き算したＩＡＳ（Implicit Association Scores: 上の式の右辺の分子のみに相当）や、ＩＡＳを課題遂行数の合計で割ったIAQ（Implicit Association Quotients）を用いていたこともあった。過去の研究例の指標は適宜、換算して解釈していただきたい。

（3）外れ値の検出と排除

前で述べたように、行間違いなどに気づき、明らかに行の途中で止めてしまったものや、著しい行間の差が見られるもの、などはその回答者のデータを丸ごと取り除いてしまうのが、調査結果がそうした偶発的な錯乱要因に影響されないために有効な方法である。そ

表10-1 潜在連想指数の算出式

$$IAQ_{100}=100\times\frac{(\text{○をつける課題遂行数})-(\text{×をつける課題遂行数})}{(\text{○をつける課題遂行数})+(\text{×をつける課題遂行数})}$$

うはいっても、どの程度だったら「明らかに行の途中なのか」や、どの程度が「著しい行間の差なのか」の判断は難しい。

そこで、統計的にそうしたデータを排除する手続きとして、次のような方法がある。それは、データのバラツキ（＝標準偏差）に基づいて、平均値より大きく逸脱しているデータを「外れ値」としてしまう方法である。具体的には、標準偏差を計算した上で、その1・96倍より平均より大きかったり小さかったりするものを「外れ値」とする。これは、データが誤差で変動していると仮定したときに、「95％のデータが平均値からプラスマイナス標準偏差の1・96倍の範囲内に入る」という統計学の理論に基づいている。つまり、標準偏差の1・96倍以上、平均から「外れた」データは、小さい方に2・5％、大きい方に2・5％しか現れないということが、誤差の理論的分布からわかっている。そこで、単なる偶然ではめったに起こらない（2・5％未満）データは、「行間違い」や「一時的に集中力が途切れてしまった」など、何らかの「錯乱要因」が働いたせいだと考えるわけである。こうした「外れ値」データは結果の分析からは排除することになる。

(4) 肯定群・否定群にグループ分けする際の注意

全体の傾向を探る場合は、上述のように95％の信頼区間から外れたデータを除くだけで問題はない。ただし、肯定群と否定群に分けて分析する場合には、測定誤差を考慮する必要がある。具体的には、○をつける課題遂行数と×をつける課題遂行数の差が、全遂行数に占める比率で１％未満のとき、つまり、$-1.00 < IAQ_{100} < 1.00$ の範囲にあるときは測定誤差の範囲内と考え、肯定的であるか否定的であるかの判断は行なわない。したがって、$IAQ_{100} \geqq 1.00$ を「肯定群」、$IAQ_{100} \leqq -1.00$ を「否定群」としてグループ分けすることになる。

5 標準的でないFUMIEテストの実施方法

(1) 対語ターゲットを用いたFUMIEテスト

元々、ＦＵＭＩＥテストは対語ターゲットを用いる形式で開発されたものなので、上述のＵＲＬから対語版のＦＵＭＩＥテストもダウンロードできるようになっている。上記と同じように置換機能を使って、対語を一つずつ置換すれば、すぐに活用することができる。ただし、著者たちも今は対語ターゲットをまったく用いなくなってしまった。潜在連想指数（IAQ_{100}）なども、単一ターゲット版に準じて、各自で定義して使っていただきたい。

対語ターゲットを用いたＦＵＭＩＥテストでは、練習行の次の行での教示は以下の通りとなる。

では次に2行目の「課題A－1」をやります。
この行では、新たに「白人」「黒人」という単語がでてきます。「白人」には○、「黒人」には×をつけて下さい。その他の単語には、1行目と同様に「良い意味」には○、「悪い意味」には×をつけてください。準備はいいですか。では、「はじめ」

さらに、ターゲット語への○×を入れ替えた3行目の教示は次のようになる。

では次に3行目の「課題B－1」をやります。
この行では、「白人」「黒人」という単語への○×を入れ替えて、「白人」には×、「黒人」には○をつけてください。その他の単語には、1行目と同様に「良い意味」には○、「悪い意味」には×をつけてください。準備はいいですか。では、「はじめ」

そして、4行目以降は7行目まで、この2つの教示を交互に用いる。

(2) ターゲット語を2字熟語にできない場合

第8章の中で、栗田 (Kurita & Kusumi, 2009) や酒井・小池 (Sakai & Koike, 2011) が「障害者」や「外国人」をターゲット語にしたFUMIEテストを活用した研究例を紹介した。栗田らは、3字熟語のターゲット語に合わせて、同じように3字熟語の評価語を準備して調査を行なっていた。それでは、「ブラジル人」をターゲット語にしたい場合はどうしたらよいだろうか。

ターゲット語と評価語との文字数を揃えるのは、FUMIEテスト用紙の中で、ターゲット語が目立ってしまうことを避けるためであった。確かに、「平和」や「幸福」といった2字熟語の中に「ブラジル人」が混じっていたら、明らかに目立ってしまう。だから、評価語も同じような「カタカナ4字＋漢字1字」の形にしたいわけだが、そんな評価語はほとんど見つからないだろう。

そこで、発想を変えて、評価語自体もある程度バラエティを持たせればいいのである。たとえば、「ベスト」や「金メダル」のような良い意味の言葉や、「パンク」や「カンニング」のような悪い意味の言葉を少し評価語の中に混ぜておけば、その中に「ブラジル人」が混じっていても目立たなくなる。

ただし、文字数が多くなると、1行に並べたときに単語の幅がバラついてしまうという別の問題がでてきてしまう。この問題は、単語を横に並べる代わりに、縦に並べる「縦型FU

MIEテスト」にすることで解決できる。実は、この「縦型FUMIEテスト」はFUMIEテストの英語版を作るときに考えついたものだ。漢字2字でないターゲット語を使う場合でも使える日本語の「縦型FUMIEテスト」と「英語版FUMIEテスト」も前記URLにアップロードしてあるので、ご活用いただきたい。

(3) 複数のターゲット語で調査をしたい場合

内田・守(2012)では、「数学」と「理科」とをターゲット語としたFUMIEテストを活用したが、それぞれ別の用紙を使ったわけではない。標準的なFUMIEテスト用紙には練習行の他に14行分印刷されている。「終末努力」(p.228参照)を排除するために、数行残して課題を終えるとしても、14行分あれば12行分を課題として使うことが可能である。そこで、1枚のFUMIEテスト用紙に「数学」と「理科」とをそれぞれ6行分ずつ配置し、2つのターゲット語に対する潜在意識調査を引き続いて実施した。同じように、12行分を4行ずつ使って3つのターゲットを用紙1枚で実施することも可能である。この場合は、1つのターゲットについて4行分しか実施できないが、その分の精度を犠牲にしても、3つのターゲットについて調べられるという利点が勝れば、そうした合理的選択もどんどん行なうべきだと思う。では、「12行を2行ずつ使って6つのターゲットの測定に使ってもいいか」となると、ちょっ

図 10-1 幼児用潜在連想テスト（Cvencek et al., 2011）

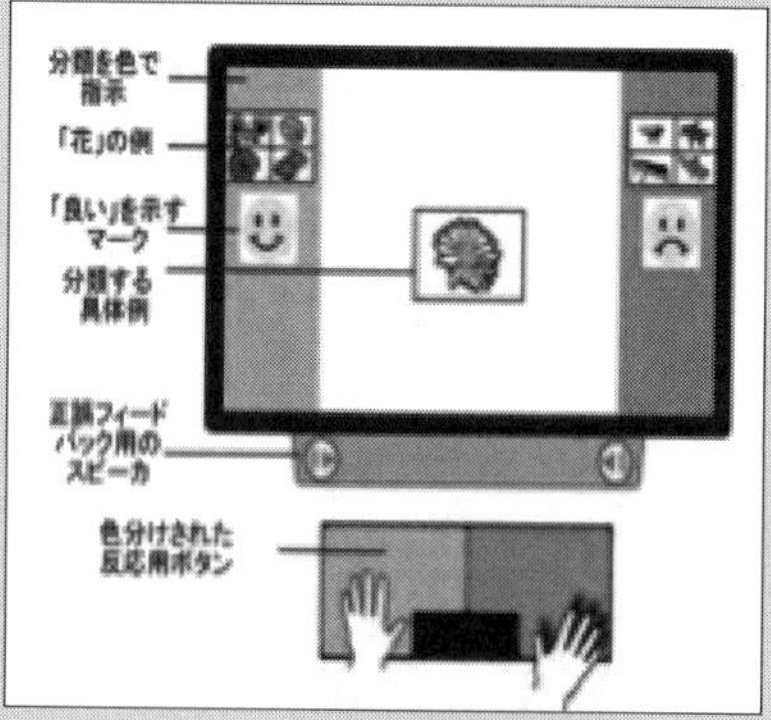

と判断が難しい。用紙を2枚にするか、本当に6つものターゲットの測定が必要なのかどうか、調査の計画そのものを見直すことの方を推奨する。

（4）小学生以下を対象とした調査

トーマスら[★1]は、なんと3歳から7歳の子どもたちに潜在連想テストを実施している。ツェンチェクら[★2]も4歳の子どもに潜在連想テストを実施して、「花」の方が「虫」よりも潜在的に好かれていることを見出している（図10-1）。こうした研究では、パソコンの画像提示機能が有効に使える。「花」も「虫」も絵で示せるからである。また、「良い」と「悪い」も「にこにこ顔」と「しかめ顔」で表すことができる。さらには、反応用のボタンは色を使うことで、幼児にもわかりやすくなるよう工夫されている。

FUMIEテストは基本的に文字をベースにして

いるため、まだ文字が読めない幼児での実施は困難だと思う。一方、ツェンチェクら[3]の別の研究で、言語的な課題を用いて、小学校1－5年生に対して、性役割ステレオタイプに関する潜在連想テストを実施している。この研究では、男女の名前の分類と、数学と国語の学習内容の分類の2つの課題での反応時間の差が調べられている。

そこで、ある程度文字が読めるようになっている小学生なら、FUMIEテストも実施できるかもしれない。しかし、現状では、小学生用のFUMIEテストは作られていない。もし、小学校以下の子どもを対象にFUMIEテストを実施するとすれば、以下の手続きによって評価語の選定から始める必要がある。まず、①漢字が読めない場合も考慮して、実施対象の子どもが「良い」「悪い」の判断ができる言葉（評価語）を選ぶ。②それらを一部の子どもたちに示して、子どもたちが実際に良い意味と悪い意味に分類できるかどうかを確認する。③こうして選んだ評価語を使って、FUMIEテスト用紙を作成する。

各行の作業時間も20秒では集中力が持たない可能性もある。低学年の児童だったら、1行10秒でやってもいいかもしれない。厳密に言えば、できあがったテストで信頼性や妥当性の検証も必要なのだが、上記のような手続きで作成したものであれば、十分使えるものとなっているはずだ。

(5) アンケートとの対応づけ

潜在意識が検出される可能性があるために、ＦＵＭＩＥテストはインフォームド＝コンセントの手続きを踏んだ上で、匿名で実施することが望ましい。しかし、本書で紹介したようにアンケートとＦＵＭＩＥテストとを対応づけて分析したいことも多い。そうした場合に、完全に匿名化してしまうと、どのアンケートとどのＦＵＭＩＥテストが同じ生徒の回答なのかの対応がつけられなくなってしまう。

一番簡単な方法は、アンケートとＦＵＭＩＥテストとを続けて実施することとし、調査用紙をホチキス止めしておくことだろう。アンケートの質問項目が少ない場合は、アンケートとＦＵＭＩＥテストを裏表に印刷すればホチキス止めの手間も省ける。しかし、中学生の場合は、友達に見られないように配慮する必要があるので、両面印刷はあまりオススメできない。

また、一回限りの調査なら完全な匿名化ができるのだが、いくつかの調査結果の対応づけをする必要がある場合は、現実には完全な匿名化は難しい。生徒の他の調査結果との対応づけをしたり、ＦＵＭＩＥテストを繰り返し実施して変化を調べたりする場合にも、匿名化を完全なものとすることはできない。すべてのデータ採取が終了し、対応づけが終わった段階でコード化し、個人が特定できる情報をこの段階で破棄することになる。このことは調査の計画の段階から十分考慮し、インフォームド＝コンセントにあたっても、どこまで匿名化できるのかについて説明をする必要がある。

おわりに

本を執筆するのは17年ぶりである。１９９０年代に、翻訳書や心理学の教科書を執筆していたが、２００1年以降は、英語での学術論文執筆に専念することを決意し、日本語で本を書くことを避けてきた。50歳を過ぎてからのこの挑戦は、想像以上に厳しいものだった。精神的にも肉体的にも疲れた。65歳の定年退職を期に、研究者としての第一線からも退こうと考え、久しぶりに肩の力を抜いて、この10年間ほどの間に考えていたことを書いてみた。

本書を執筆する過程で、頭の中でモヤモヤしていた問題点が自分でもスッキリと整理されていくのが心地よかった。その問題点とは、「世界の教育が科学化に向けて進んでいる中で、日本だけが取り残されている」ということだった。強力な相棒である、内田先生との共同研究によって、教育の科学化のための研究ができ、国際的な学術誌にもいくつか研究成果を公刊することができた。本書では、そうした研究成果の中から「偽装数学嫌い」についての研究を中心に紹介しながら、「教育の科学化」の重要性を述べてみた。

本書にも書いたように、日本の子どもたちは国際的な学力調査でトップレベルの成績を収めてきている。しかし、なぜ日本の子どもたちの成績が良いのかはわかっていない。「成績がいいんだから、それでいいじゃないか」と油断していると、いつのまにか下位に落ちてしまうかもしれない。なぜ成績が良かったのかがわからないのだから、なぜ下位に落ちたのかもわからないままになるだろう。そうならないためには、科学的に研究する必要があるのだ。

実は、もう一つ書きたかったことは「教育研究の国際化」についてだった。第8章の冒頭に少し書いたように、日本の教育研究者は世界ではほとんど無名である。研究者だけでなく、学校教員もほとんど国内のことだけしか考えていない。国内のできるだけ良い学校に進学できることを目指していて、高校の評価も国内の有名大学にどれだけ進学させられたかで決まる。しかし、その進学実績の最高峰とされる東京大学は世界の大学ランキングでどんどん順位を下げていっている。東大に入れる生徒を育てることを目標にしているうちに、日本の大学すべてが地盤沈下を起こしてしまった。

野球少年が「巨人の星」を目指していた時代は終わった。今、スポーツの世界では、誰もが世界を見ている。日本国内だけをマーケットに独自の進化をしていたケータイ電話は「ガラパゴス・ケータイ」と呼ばれるようになり、絶滅の危機に瀕している。もう、どんな領域でも、国内だけを見ていたのでは発展が見込めないのである。にもかかわらず、学校の勉強はいまだに国内限定である。それでも、この問題については機会を改めて溜まっていることを吐き出してみたい。本書の続編が出せるくらいに本書が売れることを願っている。

最後に、本書の基となった研究にご協力くださった中学校の生徒のみなさん、校長先生をはじめとする教員のみなさんに改めて感謝します。なお、草稿を読んでコメントをくださった松本大学教育学部同僚の秋田真先生、英語表記の発音についてご教示くださった信州大学名誉教授の高橋渉先生、「試行錯誤」の誤用について確認をしてくださった岡山大学大学院社会文化科学研究科教授の長谷川芳典先生、いつも私の本の最初の読者で最も厳しい批評家である長野保育専門学校教授守秀子先生にも感謝申し上げます。

守　一雄

事項索引

人名索引

文献

第1章

★1　岩崎久美子 (2017). エビデンスに基づく教育：研究の政策活用を考える ,『情報管理』, 60, 20-27.

★2　中室牧子 (2015).『「学力」の経済学』(ディスカバー 21)

★3　Forsyth, D. R. & Kerr, N. A. (1999, August). Are adaptive illusions adaptive? Poster presented at the annual meeting of the American Psychological Association, Boston, MA.

★4　Mori, K. & Uchida, A. (2009). Can contrived success affect self-efficacy among junior high school pupils? *Research in Education, 82,* 60-68.

★5　Mori, K., Uchida, A., & Imada, R. (2008) A Paper-format group performance test for measuring the implicit association of target concepts. *Behavior Research Methods, 40,* 546-555.

第2章

★1　Figazzolo, L. (2009). *Impact of PISA 2006 on the education policy debate.* Brussels: Education International.

第3章

★1　Wood, J. M., Nezworski, M. T., Lilienfeld, S. O., & Garb, H. N. (2003). *What's wrong with the Rorschach? Science confronts the controversial inkblot test.* San Francisco: Jossey-Bass.（宮崎謙一訳『ロールシャッハテストはまちがっている—科学からの異議』北大路書房 ,2006）

第4章

★1　Greenwald, A. G., & Banaji, M. R. (1995). Implicit social cognition: Attitudes, self-esteem, and stereotypes. *Psychological Review, 102,* 4-27.

★2　Greenwald, A. G., McGhee, D. E., & Schwartz, J. K. L. (1998). Measuring individual differences in implicit cognition: The Implicit Association Test. *Journal of Personality and Social Psychology, 74,* 1464-1480.

★3　Verschuere, B., Prati, V., & De Houwer, J.(2009). Cheating the lie-detector: Faking the autobiographical IAT. *Psychological Science, 20,* 410-413.

★4　Greenwald, A.G., & Farnham, S.D. (2000). Using the implicit association test to measure self-esteem and self-concept. *Journal of Personality and Social Psychology, 79,* 1022-1038.

★5　Takahashi, K. & Yamanaka, S. (2006). Induction of pluripotent stem cells from mouse embryonic and adult fibroblast cultures by defined factors. *Cell, 126*(4), 663-676.

★6　Nosek, B. A., Greenwald, A. G., & Banaji, M. R. (2007). The Implicit Association Test at age 7: A methodological and conceptual review. In J. A. Bargh (Ed.), *Automatic processes in social thinking and behavior* (pp.265-292). New York: Psychology Press.

★7　Karpinski, A., & Steinman, R. B. (2006). The Single Category Implicit Association Test as a measure of implicit social cognition. *Journal of Personality and Social Psychology, 91,* 16-32.

第5章

★1　Sriram, N. & Greenwald, A. G. (2009). The Brief Implicit Association Test. *Experimental Psychology, 56,* 283-294.

★2　Lemm, K., Sattler, D. N., Khan, S., Mitchell, R. A., & Dahl, J. (2002, February). *Reliability and validity of a paper-based Implicit Association Test.* Poster presented at the annual meeting of the Society for Personality and Social Psychology, Savannah, GA.

★3　Mori, K., Uchida, A., & Imada, R. (2008) A Paper-format group performance test for measuring the implicit association of target concepts. *Behavior Research Methods, 40,* 546-555.

★4　村上宣寛 (2008).『 心理テストはウソでした』(講談社 + α文庫)

第6章

★1　高山草二 (1992). 中学生のコンピュータ教育に対する態度 ,『教育情報研究』（日本教育情報学会）, *7,* 23-33.

★2　柳本朋子・中本敦浩・桝田尚之 (2002). グラフ理論の教育について : 中学生を対象として ,『大阪教育大学紀要 . V, 教科教育』（大阪教育大学）, *50,* 201-212

★3　佐久間朋子 (2007). 中学生を対象とした「数学を楽しむ」における学校図書館の利用と活用 : 奈良教育大学附属中学校の実践を通して ,『図書館界』（日本図書館研究会）, *59,* 2-17.

★4　内田昭利･守 一雄 (2012). 中学生の「数学嫌い」「理科嫌い」は本当か : 潜在意識調査から得られた教育実践への提言 ,『教育実践学論集』（兵庫教育大学大学院連合学校教育学研究科）, *13,* 221-227.

★5　内田昭利・守 一雄 (2015). 潜在連想テストによる「偽装数学嫌い」中学生の検出と対策 ,『数学教育学論究』（日本数学教育学会）, *97,* 33-40

★6　DeCharms, R. C. (1968). *Personal causation: The internal affective determinants of behavior.* New York: Academic Press.

第7章

★1　Hyde, J. S., & Mertz, J. E. (2009). Gender, culture, and mathematics performance. *Proceedings of the National Academy of Sciences, 106,* 8801-8807.

★2　Maccoby, E. & Jacklin, C. (1974). *The Psychology of Sex Differences.* Stanford, CA: Stanford University Press.

★3　Bandura, A. (1997). *Self-efficacy: The exercise of control.* New York: Freeman.

★4　Landsberger, H. A. (1958). *Hawthorne Revisited: Management and the Worker, Its Critics, and Developments in Human Relations in Industry.* Ithaca, New York: Cornell University.

★5　Rosenthal, R. & Jacobson, L. (1968). Pygmalion in the classroom. *The urban review, 3*(1), 16-20.

★6　内田昭利・守 一雄 (2015). 潜在連想テストによる「偽装数学嫌い」中学生の検出と対策 ,『数学教育学論究』（日本数学教育学会）, *97,* 33-40

★7　Uchida, A. & Mori, K. (2017). Detection and treatment of fake math-dislikes among Japanese junior high school students. *International Journal of Science and Mathematics Education, 15,* (Published Online).

★8　Open Science Collaboration (2015). Estimating the reproducibility of psychological science. *Science, 28,* Aug 2015: Vol. 349, Issue 6251, aac4716

★9　Cumming, G. (2013). *Understanding the new statistics: Effect sizes, confidence intervals, and meta-analysis.* Routledge.

第8章

★1　Nolan, A. (2014). *Adults' Mental Representations of Children.* Ph.D dissertation handed to Cardiff University, United Kingdom. http://orca.cf.ac.uk/id/eprint/59035

★2　守一雄・守秀子 (2007). 集団式潜在連想テストを用いた中学生の教科の好悪度測定 ,『信州心理臨床紀要』(信州大学大学院教育学研究科心理教育相談室紀要), *6,* 1-4.

★3　内田昭利・守一雄 (2013). 中学生は学校集団登山経験をどう評価するか : 潜在連想テストとアンケート調査による評価事例報告 ,『信州大学教育学部研究論集』(信州大学教育学部), *6,* 199-208.

★4　Kurita, T. & Kusumi, T. (2009). Implicit and explicit attitudes toward people with disabilities and effects of the internal and external sources of motivation in moderating prejudice. *Psychologia: An International Journal of Psychological Sciences, 52,* 253-260.

★5　Sakai, H. & Koike, H. (2011). Implicitly and explicitly measured attitudes

towards foreigners: A Dual-Process Model Perspective. *JABAET Journal 14/15,* 39-58. (The Japan-Britain Association for English Teaching)

第９章

★１　丹野義彦 (2001).『エビデンス臨床心理学—認知行動理論の最前線』,（日本評論社）

付章

★１　Thomas, S., Burton Smith, R., & Ball, P. (2007). Implicit attitudes in very young children: An adaptation of the IAT. *Current Research in Social Psychology, 13,* 75-85.

★２　Cvencek, D., Greenwald, A. G., & Meltzoff, A. N. (2011). Measuring implicit attitudes of 4-year-old- children: The Preschool Implicit Association Test. *Journal of Experimental Child Psychology, 109,* 187-200.

★３　Cvencek, D., Meltzoff, A. N., & Greenwald, A. G. (2011). Math-Gender Stereotypes in Elementary School Children. *Child Development, 82,* 766-779.

執筆者紹介

内田昭利（うちだ・あきとし）

1966 年　長野県に生まれる
1990 年　信州大学教育学部卒業（教育心理学専攻）
1990 年　長野県義務教育学校教員採用
2005 年　信州大学大学院教育学研究科修了（修士（教育学））
2017 年　博士（文学）北海道大学大学院文学研究科論文博士
現在　長野市立犀陵中学校教諭

【主著・論文】

Mori, K., Uchida, A., & Imada, R. (2008). A Paper-format Group Performance Test for Measuring the Implicit Association of Target Concepts. *Behavior Research Methods, 40,* 546-555.
Mori, K., & Uchida, A. (2009). Can contrived success affect self-efficacy among junior high school students? *Research in Education, 82,* 60-68.
Mori, K., & Uchida, A. (2012). The leading group effect: Illusionary declines in scholastic standard scores of mid-range Japanese junior high school pupils, *Research in Education, 87,* 64-74.
内田昭利・守一雄 (2015). 潜在連想テストによる「偽装数学嫌い」中学生の検出と対策　数学教育学論究 , *97* 臨時増刊 , 33-40.
Uchida, A., & Mori, K. (2017). Detection and treatment of fake math-dislikes among Japanese junior high school students. *International Journal of Science and Mathematics Education, 15,* (Published Online).

守　一雄（もり・かずお）

1951 年　埼玉県に生まれる
1982 年　筑波大学大学院心理学研究科修了（教育学博士）
1982-2007 年　信州大学教育学部講師・助教授・教授
2007-2017 年　東京農工大学大学院工学研究院教授
現在　松本大学教育学部教授

【主著・論文】

認知心理学　岩波書店 1995 年
やさしい PDP モデルの話　新曜社 1996 年
チビクロこころ：中学生高校生のための心理学入門 北大路書房 1999 年
コネクショニストモデルと心理学（共編著）北大路書房 2001 年
Mori, K. (2003). Surreptitiously projecting different movies to two subsets of viewers. *Behavior Research Methods, Instruments, and Computers, 35,* 599-604.
French, L., Garry, M., & Mori, K. (2008). You say tomato? Collaborative remembering leads to more false memories for intimate couples than for strangers. *Memory, 16,* 262-273.
Mori, K. & Arai, M. (2010). No need to fake it: Reproduction of the Asch experiment without using confederates. *International Journal of Psychology, 45,* 390-397.

中学生の数学嫌いは本当なのか

――証拠に基づく教育のススメ――

2018年3月22日　初版第1刷印刷
2018年4月 2日　初版第1刷発行

著　者　内田 昭利
　　　　守 一雄

発行所　㈱ 北大路書房
〒603-8303　京都市北区紫野十二坊町 12-8
電　話 (075) 431-0361 (代)
ＦＡＸ (075) 431-9393
振　替 01050-4-2083

編集・制作　仁科貴史
装幀　野田和浩
印刷・製本　㈱ 太洋社

ISBN 978-4-7628-3015-0　Printed in Japan©2018